中国共产党领导

脱贫攻坚的经验与启示

——Poverty Alleviation——
Experience and Insights of the Communist Party of China

本书编委会 / 编著

当代世界出版社
THE CONTEMPORARY WORLD PRESS

出 版 说 明

贫困，是国际社会面临的共同挑战，是全球性的重大问题。推动发展，消除贫困，实现共同富裕，是人类追求的共同理想。

几千年来，扶贫济困、乐善好施、守望相助始终是中华文化的内在追求，中华民族不断向摆脱贫困的社会理想迈进。中国共产党成立以来，以全心全意为人民服务为根本宗旨，始终把为中国人民谋幸福、为中华民族谋复兴作为初心和使命。新中国成立后，中国共产党带领中国人民开启了社会主义建设的探索并展开了波澜壮阔的脱贫攻坚实践，改革开放以后特别是党的十八大以来，开启了规模化的精准脱贫行动，脱贫攻坚取得了伟大成就。

中国共产党在领导这场旷日持久、规模浩大的反贫困伟大实践中，牢牢把握社会主义的本质要求，坚持以人民为中心的发展理念，发扬求真务实的工作作风，与时俱进，大胆探索，进行了诸多新尝试，积累了不少好经验，闯出了一条成功的中国特色扶贫开发道路，为全球贫困治理贡献了中国智慧和中国方案。

出版《中国共产党领导脱贫攻坚的经验与启示》一书，旨在与国内外读者分享中国共产党领导脱贫攻坚的基本理念、主要做法、核心经验及有关思考等。全书共六章，全面系统地介绍了中国脱贫攻坚的时代色调、主要路径、精准要义、几点经验、注意事项、意义启示，书后还附有一些典型案例。摆脱贫困是人类社会的共同事业，希望本书的出版能为促进国际减贫经验交流、启迪人类治理贫困智慧等发挥积极作用。

本书编委会
2019 年 12 月

序 言

积极为世界减贫事业贡献中国力量
（序一）

张树军

全国政协委员，原中央党史研究室副主任、研究员

减少贫困是世界性难题，让世界上最大发展中国家摆脱贫困更是一项前无古人的壮举。为了更好地向世界各国人民介绍中国减贫经验，由中共中央对外联络部组织编写、中共中央党校张占斌教授任执行主编的《中国共产党领导脱贫攻坚的经验与启示》一书，由当代世界出版社编辑出版发行。该书以减贫脱困这个世界性难题为主题，向世人展示了中国共产党领导中国人民摆脱贫困，特别是中共十八大以来大规模精准脱贫的主要成就和做法、经验和启示，读来令人耳目一新、颇受启发。

忆往昔，摆脱贫困，奔向小康。中华人民共和国成立70年来，中国共产党团结和带领中国人民持续向贫困宣战。经过中国共产党和中国人民的实践探索，成功走出一条中国特色扶贫开发道路，使7亿多贫困人口成功脱贫，人民生活基本实现小康。中国成为世界上减贫人口最多的国家，也是世界上率先完成联合国千年发展目标的国家。中共十八大提出全面建成小康社会的奋斗目标。这意味着到2020年，中国现行标准下农村贫困人口全部实现脱贫，贫困县全部摘帽，区域性整体贫困彻底解决。实现全面小康，脱贫是最"硬"的指标。全面建成小康社会，是中国共产党对中国人民的庄严承诺。这一诺千金的承诺，凸显了中国共产党坚持发展为了人民、发展依靠人民、发展成果由人民共享的执政理念，更彰显了以习近平同志为核心的党中央坚决打赢新时代脱贫攻坚战、决胜全面建成小康社会的信心和决心。《中国共产党领导脱贫攻坚的经验与启示》一书围绕脱贫攻坚这一重大主题，宣示了中国共产党的庄严承诺，展现了新时代脱贫攻坚的时代色调、主要任务和发展路径，具有很强的时代性、针对性和可借鉴性。

看今朝，曙光在前，重任在肩。当前尚未脱贫的贫困人口大多集中在深度贫困地区，这些地区的贫困状况是贫中之贫、困中之困，是脱贫工作难中之难、坚中之坚。脱贫攻坚最后阶段的问题更复杂、任务更艰巨、工作更繁重。《中国共产党领导脱贫攻坚的经验与启示》一书在系统回顾中国减贫之路的同时，注重把讲成绩与摆问题相结合，把讲经验和说误区相结合，较为系统地梳理总结了中国脱贫攻坚行动中暴露出来的问题，并剖析这些问题和现象背后的内在原因，提出中国脱贫攻坚的"五点经验"和"四个误区"，聚焦病灶、对症下药、开出良方，对致力于摆脱贫困的国家和地区具有很强的现实借鉴意义。

消除贫困是人类的共同使命。打赢脱贫攻坚战，全面建成小康社会，寄托着中华民族几千年来的希冀，也浓缩着中国共产党矢志不渝的初心。携手消除贫困，共同构建人类命运共同体，是当代中国对促进世界和平发展和全球治理提供的"中国方案"。多年来，中国在致力于消除自身贫困的同时，始终积极支持和帮助广大发展中国家特别是最不发达国家消除贫困。当前，世界减贫脱贫任务依然十分艰巨，《中国共产党领导脱贫攻坚的经验与启示》一书适应国际减贫事业的需要，系统介绍中国减贫做法，为世界各国减贫脱贫提供中国经验和中国智慧，是中国为世界作出的又一积极贡献。

赞叹于《中国共产党领导脱贫攻坚的经验与启示》一书承载的使命和内容，我有感而发，愿意写以上的话，是为序。

贫困治理的中国智慧

（序二）

刘海涛

中共中央党校（国家行政学院）科学社会主义教研部主任、教授

消除贫困，自古以来就是人类梦寐以求的理想，是各国人民追求幸福生活的基本权利。即使对于已消除绝对贫困的发达国家而言，也在寻找消除相对贫困、缩小贫富差距的方案。如何找到一条适合自身实际、富有成效的减贫道路，更是广大发展中国家面临的重要任务。各国人民都在追求一个持久和平、普遍安全、共同繁荣、开放包容、清洁美丽的世界，这里没有贫困的魅影，没有在贫困线挣扎的人们，没有丧失发展权利的绝望。

但是，纵观世界减贫历程，从联合国、世界银行等国际机构到英美日等发达国家开展全球贫困治理，从确定千年发展目标到提出2030可持续发展目标，国际社会对如何消除贫困、实现可持续发展尚未找到有

效的、可复制的解决方案。撒哈拉以南非洲贫困人口不但没有减少反而增加，全球贫富差距日益扩大。而中国，一直在不断探索和发展减贫脱贫的理论和实践，从解决温饱、摆脱贫困到脱贫攻坚，走出了一条具有中国特色的大国扶贫开发之路。

中华文化历来具有扶贫济困、助人为乐的优良传统。先秦时期，中国就提出了"夫施与贫困者，此世之所谓仁义"。中国共产党的宗旨是全心全意为人民服务，自成立之初就坚持为中国人民谋幸福、为中华民族谋复兴的初心和使命。新中国成立之初，是当时世界上最贫穷的国家之一，老百姓普遍吃不饱、穿不暖。70年来，中国人民自力更生、艰苦奋斗，减贫事业取得了举世瞩目的成就。尤其是改革开放40多年来，中国的扶贫开发实践不断丰富和发展，充分体现了独特的中国智慧，创造了中国特色的减贫模式。1986年，中国政府开始在全国范围实施有计划、有组织、大规模的农村扶贫开发。1994年，扶贫开发作为国家战略继续深入推进。党的十八大以来，中国特色社会主义进入新时代，新的历史情境也为解决贫困问题提供了新条件，提出了新挑战。以习近平同志为核心的党中央把扶贫开发放在了治国理政的突出位置，开创性地做出了打赢脱贫攻坚战的重大战略决策，提出了精准扶贫、精准脱贫思想，赋予消除贫困新的时代内涵。

《中国共产党领导脱贫攻坚的经验与启示》一书阐述了中国脱贫攻坚的方法路径、精准扶贫与脱贫的内涵、在世界范围的意义等内容，既有中国扶贫的经验总结，也有扶贫开发应注意避免的误区；既有深入浅出的理论阐释，也有鲜活生动的实践案例。该书勾勒出一幅波澜壮阔、振奋人心的新中国减贫画卷，向读者介绍了中国减贫的故事，向世界讲述了中国共产党带领全国人民减贫实现共同富裕的壮举。作为一名马克思主义学习者研究者，我希望更多的读者可以读到这本书，了解中国的扶贫实践中涌现出的"中国故事""中国实践"和"中国智慧"，了解马克思主义反贫困理论中国化的最新贡献，更希望那些致力于解决贫困问题的国家与地区可以从中获益。

目 录

序 言　　　　　　　　　　　　　　　　　　　　　　1

导言
中国成功走出一条特色扶贫开发道路

带领人民脱贫致富是中国共产党的不懈追求　　　　3
党的十八大以来中国脱贫攻坚取得决定性进展　　　　5
打好精准脱贫攻坚战意义重大　　　　　　　　　　　8

第一章
中国脱贫攻坚的时代色调

第一节　脱贫攻坚的指导思想　　　　　　　　　　13
第二节　社会主要矛盾变化与脱贫攻坚　　　　　　16
第三节　全面建成小康社会与脱贫攻坚　　　　　　18
第四节　新发展理念与脱贫攻坚　　　　　　　　　22
第五节　脱贫攻坚的基本蓝图　　　　　　　　　　26

第二章
中国脱贫攻坚的主要路径

第一节 加强贫困地区基础设施建设　　33
第二节 加大贫困地区生态环境保护力度　　37
第三节 推进贫困地区特色产业发展　　45
第四节 重点支持特殊贫困地区发展　　53
第五节 提升贫困地区群众获得感　　57

第三章
中国脱贫攻坚重在精准

第一节 解决好"扶持谁"的问题　　67
第二节 解决好"谁来扶"的问题　　69
第三节 解决好"怎么扶"的问题　　76
第四节 解决好"如何退"的问题　　81

第四章
中国脱贫攻坚的"五点经验"

第一节 加强领导是根本　　87
第二节 把握精准是要义　　89

第三节 增加投入是保障 94
第四节 各方参与是合力 98
第五节 群众参与是基础 102

第五章
中国脱贫攻坚着力避免几个现象

第一节 预防返贫现象 109
第二节 防止扶贫中的形式主义、官僚主义现象 114
第三节 克服扶贫不扶志现象 118
第四节 力戒不重视支部党建现象 121

第六章
中国脱贫攻坚的意义和启示

第一节 中国脱贫攻坚的重要意义 127
第二节 中国减贫经验对世界的启示 131
第三节 国际社会通力合作应对减贫问题 138

附录
中国脱贫攻坚的典型案例

案例一	不忘初心率先脱贫： 河南省兰考县脱贫摘帽	145
案例二	积极创新扶贫模式： 福建省宁德市赤溪村"弱鸟先飞"	148
案例三	完善精准扶贫机制： 贵州省的"第一民生工程"	151
案例四	探索扶贫新思路： 广东省湛江市企水镇"电商扶贫"	153
案例五	农旅结合扶贫开发： 广西壮族自治区瑶族自治县茅厂屋"绿色崛起"	156
案例六	科技为脱贫赋能： 湖北省英山县"科技挺进大别山"	158
案例七	贫富地区对口帮扶： 上海—云南"东西协作扶贫"	161
案例八	搬迁与脱贫同步： 江西省修水县"搬出一片新天地"	163
案例九	用心做实 用情脱贫： 四川省乐山市少数民族聚居区的脱贫创新之路	166

参考资料   171
后记   173

导言

中国成功走出
一条特色扶贫开发道路

中国成功走出一条富有特色的扶贫开发之路，得益于中国共产党的坚强领导，得益于中国特色社会主义的成功实践，得益于习近平精准扶贫、精准脱贫方略的实施。

带领人民脱贫致富
是中国共产党的不懈追求

中国共产党始终把人民群众利益放在首位，无论是在革命时期，还是在建设时期，都致力于改变中国贫穷落后的面貌，不断改善人民群众的生活水平，带领大家"脱贫困、奔小康"，共同致富。

1921年中国共产党成立后，就开始带领全国人民为争取民族独立、国家富强、人民富裕而奋斗。当时，中国已沦为半殖民地半封建社会，军阀割据，战乱不已，国家羸弱，人民饥寒交迫，过着极端贫困的生活。为改变这种家国积贫积弱的面貌，中国共产党人在革命中抓住社会的主要矛盾，积极进行反帝反封建的斗争，特别是在农村牢牢抓住土地这个关键问题，领导广大贫苦人民"打土豪、分田地"；抗日战争时期，在抗日根据地实行"减租减息"，借以改善农民生活，提高农民抗日与生产的积极性；解放战争时期，在更广泛的范围内进行了土地革命，分得土地的农民生产积极性极为高涨，生产生活很快得到改善。正是因为密切联系群众、为了群众、依靠群众，中国共产党才凝聚起强大的力量，取得了战争的胜利，为国家富强、人民富裕创造了政治条件。

1949年新中国成立后，中国共产党领导人民在全国范围内消除贫困。当时，中国是世界上最贫穷的国家之一，根据联合国统计资料，1949年中国人均国民收入只有27美元，不足亚洲平均44美元的三分之二。当时，中国近90%的人口是农民，绝大多数贫困人口也是农民。为改变大多数农民的贫困生活，1950年开始进行土地改革，到1952年年底，约有3亿多无地和少地农民，分得约7亿亩土地。中国共产党还倡导农民办农业合作社，进行互帮互助。到1956年年底，绝大多数农民走上了农业合作化道路。土地改革的全面完成进一步激发了全国人民的生产热情，有效缓解了农村极端贫困的现状，极大促进了当时国民经济和社会的发展。

1978年改革开放后，中国共产党开始在全国范围内领导实施有组织、有计划、大规模的扶贫开发。首先在农村进行改革，建立了以家庭联产承包经营为基础的经营体制，大大解放和发展了生产力，使农村大面积贫困问题得到初步缓解。1986年，为更好地开展扶贫工作，国务院扶贫开发领导小组及办公室成立。1994年后，先后制定并颁布实施了《国家八七扶贫攻坚计划（1994—2000年）》和《中国农村扶贫开发纲要（2001—2010年）》。这一时期，政府开始引导更多的社会组织和社会力量参与扶贫工作，各类企业、社会组织和个人以多种方式参与扶贫工作，逐步形成了社会大扶贫格局，到2010年，基本解决了农村居民的温饱问题。2011年，颁布实施《中国农村扶贫开发纲要(2011—

2020年）》，提高扶贫标准，确定了14个集中连片特困地区[1]为扶贫开发主战场。

党的十八大以来中国脱贫攻坚取得决定性进展

打好脱贫攻坚战是社会主义的本质要求，是中国共产党对人民的庄严承诺。党的十八大以来，以习近平同志为核心的党中央高度重视扶贫开发工作，把脱贫攻坚摆到治国理政的突出位置，先后就扶贫开发工作出台了一系列方针政策，初步形成了有中国特色的扶贫开发思想。这一思想包含扶贫开发面临的新形势、扶贫开发的核心构成要素、扶贫开发的实施路径、扶贫开发的体制保障等，并构成一个有机联系的整体，是对以往扶贫开发战略的丰富和发展。在实践过程中，还采取了一些超常规举措，以前所未有的力度推进脱贫攻坚，使得农村贫困人口显著减少，贫困发生率持续下降，解决区域性整体贫困迈出坚实步伐，贫困地区农民生产生活条件显著改善，贫苦群众获得感显著增强，脱贫攻坚取得决

---

[1] 14个集中连片特困地区分别为：六盘山区、秦巴山区、武陵山区、乌蒙山区、滇桂黔石漠化区、滇西边境山区、大兴安岭南麓山区、燕山—太行山区、吕梁山区、大别山区、罗霄山区、西藏、四省藏区（青海、四川、云南、甘肃）、新疆南疆四地州。

定性进展，创造了中国减贫史上的最好成绩，谱写了人类反贫困历史新篇章。

创造了中国减贫史上最好成绩。现行脱贫标准（农民年人均纯收入按 2010 年不变价计算为 2300 元）下的农村贫困人口从 2012 年年底的 9899 万人减少到 2018 年年底的 1660 万人，累计减贫 8239 万人，年均减贫 1373 万人；贫困发生率从 2012 年的 10.2% 下降至 2018 年年底的 1.7%，累计下降 8.5 个百分点，减贫规模前所未有。截至 2018 年年底，全国 832 个贫困县有一半已摘帽，贫困村还剩 2.6 万个，实现了中央确定的目标：人口 85% 左右脱贫，村 80% 左右退出，县超过 50% 摘帽。解决区域性整体贫困问题迈出坚实步伐。

基础设施和基本公共服务显著改善。贫困地区新建改建农村公路 50 多万公里，解决了 1400 多万贫困人口饮水安全问题，易地扶贫搬迁 870 万贫困人口，危房改造 700 万贫困农户，自然村通电接近全覆盖，71% 的自然村通上宽带，完成 9.7 万所义务教育薄弱学校改造任务，累计救治 420 多万大病和慢性病贫困患者，贫困地区基础设施和基本公共服务得到显著改善。[1]

经济社会发展和生态保护明显加快。贫困县地区生产总值年均增长速度比全国平均水平高 2.2 个百分点。集中实施产业扶贫、就业扶贫、电商扶贫、光伏扶贫、旅游扶贫，有效促进了新业态、新产业发展，贫困地区一大批特色优势产业得到培育壮大，发展动力明显增强。通过实

---

[1] 刘永富：《有效应对脱贫攻坚面临的困难和挑战》，载《政策》，2019 年第 3 期，第 39 页。

施易地扶贫搬迁、生态扶贫和退耕还林等，贫困地区生态环境明显改善。

农村基层治理能力和管理水平大幅提升。通过选派第一书记[1]和驻村工作队，锻炼了机关干部，培养了农村人才。截至 2018 年年底，累计向贫困村选派第一书记 45.9 万人、驻村干部约 300 万人次。通过组织开展贫困识别、精准帮扶、贫困退出和大规模轮训等工作，使农村基层治理能力和管理水平大幅提升，农村基层党组织创造力、凝聚力、战斗力明显增强。

建立了中国特色脱贫攻坚制度体系。加强中国共产党对脱贫攻坚工作的全面领导，建立了各负其责、各司其职的责任体系，精确识别、精准脱贫的工作体系，上下联动、统一协调的政策体系，保障资金、强化人力的投入体系，因地制宜、因村因户因人施策的帮扶体系，广泛参与、合力攻坚的社会动员体系，多渠道全方位的监督体系和最严格的考核评估体系，为脱贫攻坚提供了有力的制度保障。在这个制度体系中，最根本的是中央统筹、省负总责、市县抓落实的管理体制，从中央到地方逐级签订责任书，明确目标，增强责任，强化落实。

---

[1] 第一书记：为推动基层扶贫与振兴，中国从各级机关优秀干部、后备干部，以及国有企业、事业单位优秀人才等人员中选拔先进党员到贫困村担任第一书记，一般任期在两年以上。第一书记在乡镇党委领导下，带领村党支部委员会和村民自治委员会开展扶贫工作，提升治理服务水平。第一书记是农村党支部的第一责任人、第一领导人，其地位、权力、责任均在原有的村党支部书记之上。

打好精准脱贫攻坚战意义重大

2013年，习近平总书记提出以"精准扶贫"为核心的扶贫开发战略思想，2015年精准扶贫战略正式在全国开始实施。精准扶贫是指针对不同贫困区域环境、不同贫困农户状况，运用科学有效程序对扶贫对象实施精确识别、精确帮扶、精确管理的治贫方式。精准扶贫战略的核心是要改变过去扶贫工作"大水漫灌"和"撒胡椒面儿"的做法，确保扶贫资源能够精准地与贫困个体对接，帮扶措施能够切实有效，确保扶贫利益能够落实在扶贫对象身上。2015年，中国做出了"打赢脱贫攻坚战"的决定，明确提出到2020年实现现行标准下贫困人口全部脱贫，贫困县全部摘帽，区域性整体贫困问题得到解决。应该说，推进精准扶贫，打好精准脱贫攻坚战，是扶贫进入到关键阶段所进行的深层次改革，是对传统扶贫的重大突破，是中国特色社会主义关于国家建设理论的新发展。

打好精准脱贫攻坚战是增进人民福祉的发展需要。习近平总书记指出："贫穷不是社会主义。如果贫困地区长期贫困，面貌长期得不到改变，群众生活长期得不到明显提高，那就没有体现我国社会主义制度的优越性，那也不是社会主义。"[1] 改革开放以来，伴随着经济社会持续

---

[1] 李珍：《全面小康须打好扶贫攻坚战》，载《经济日报》，2015年11月5日。

发展，中国组织实施了大规模扶贫开发运动，扶贫工作取得了举世瞩目的成就，人民生活水平不断得到提升。但农村还有很多贫困人口，我们不能一边宣布全面建成了小康社会，另一边还有很多人生活水平处在扶贫标准线以下。只有继续坚定不移推进中国特色扶贫开发事业，让全体中国人民脱贫，才能不断增强人民群众的获得感和幸福感，才能展示和证明中国共产党领导和中国特色社会主义制度的优越性。

打好精准脱贫攻坚战是巩固中国共产党执政基础的重大举措。得民心者得天下。中国共产党的根本宗旨是全心全意为人民服务，只有始终践行以人民为中心的执政理念和发展思想，坚持做到权为民所用、情为民所系、利为民所谋，中国共产党的执政基础才能坚不可摧。打好精准脱贫攻坚战是为人民服务的根本体现，是当前中国共产党的头等大事和第一民生工程。只有全体人民过上了好日子，党的执政基础才能得到巩固。

打好精准脱贫攻坚战是维护中国长治久安的社会基础。改革开放以来，中国扶贫开发事业大踏步发展，极大改变了贫困地区人民群众的生产生活状态和精神面貌，对促进社会进步、民族团结和谐、国家长治久安发挥了重要作用。在新的发展起点上，扶贫开发的标准在提高，扶贫开发的任务也更加艰巨和繁重。在新时期，扶贫开发工作不仅要在改善贫困人口生产生活条件上着力，更要注重提升教育、医疗、文化等方面的公共服务水平，让贫困人口跟上全面小康的步伐。只有全体人民安居乐业，社会才能和谐稳定，国家才能长治久安。

第一章

中国脱贫攻坚的时代色调

消灭贫穷，为全国人民谋求福祉，实现全体人民共同富裕，是中国共产党的初心和使命。打赢脱贫攻坚战，到2020年如期全面建成小康社会，是以习近平同志为核心的党中央向全体中国人民作出的庄严承诺。在中国共产党的领导下，中国经济社会发展取得了巨大成就，中国减贫脱贫事业也取得了骄人的成绩，中国特色社会主义已经进入新时代。新时代中国社会主要矛盾发生变化，必然要对脱贫攻坚工作提出新要求、作出新部署。只有正确理解中国脱贫攻坚的时代色调，才能准确把握中国脱贫攻坚的精神实质。

第一章　中国脱贫攻坚的时代色调

第一节　脱贫攻坚的指导思想

扶贫工作，事关中国全面建成小康社会的成败，事关社会主义现代化能否顺利实现，对此，中国共产党高度重视。党的十八大以来，习近平总书记高度重视扶贫开发工作，提出一系列新思想新观点，作出一系列新决策新部署，将中国扶贫开发理论和实践提升到新高度，实现了马克思主义反贫困理论的创新发展，拓展了中国特色扶贫开发道路。在党的十九大报告中，习近平总书记代表中国共产党，对扶贫工作再次动员、全面部署，开启了坚决打赢脱贫攻坚战，决胜全面建成小康社会的新征程。习近平新时代中国特色社会主义思想和党的十九大精神，在神州大地奏响了脱贫攻坚战的新号角，引领中国共产党和全国人民为全面建成小康社会奋斗目标扬帆启航。

习近平总书记的扶贫思想是在长期的实践中逐步形成的内涵丰富、思想深刻、逻辑严密的思想体系。这一思想"形"于习近平同志知青的特殊经历和长期在地方主政的探索积淀，"成"于习近平同志担任党的总书记成为党和国家的领导核心后。1969年，习近平同志来到陕西省延安市延川县梁家河当知青，一干就是7年。他与当地群众同吃同住同劳动，建立了深厚感情，对中国农村贫困问题有了深刻理解。他带领群众打淤泥坝、修梯田、建沼气，办铁业社、缝纫社、小卖部等，发展生产，改善生活，亲自参与了反贫困的生动实践。梁家河的插队经历，形成了习近平的早期扶贫思想。20世纪80年代，习近平同志在河北省正定县担任县委书记，走遍全县200多个村子，大刀阔斧改革经济发展模式，大力推行家庭联产承包责任制，带领全县人民一举甩掉"高产穷县"的帽子。1988年至1990年，习近平同志在福建省宁德市担任地委书记期间，探索创新扶贫开发，提出"经济大合唱""弱鸟先飞""滴水穿石"和摆脱意识贫困、思路贫困等重要思想，形成《摆脱贫困》一书，成为习近平扶贫思想的开山之作。习近平同志在福建省工作期间，开创东西部扶贫协作的"闽宁模式"，组织开展省内造福工程、山海协作、向贫困村派驻第一书记等，探索了脱贫致富的有效途径；在浙江省工作期间，主持制定推进欠发达地区加快发展的政策措施，提出绿水青山就是金山银山等重要思想，走出了绿色发展、可持续发展的扶贫新路子。习近平同志担任党的总书记后，明确指出："人民对美好生活的向往，就是我们的奋斗目标。"[1]"贫穷不是社会主义。如果贫困地区长期贫困，面貌长期得不到改变，群众生活长期得不到明显提高，那就没有体现我国社会主义制度的优越性，那也不是社会主义。"党的十八大闭幕不久，习近平总书记就到河北省阜平县革命老区[2]，进村入户查看贫困情况，提出了"两个重中之重"（三农工作是重中之重，革命老区、民族地区、

---

[1] 中共中央文献研究室：《十八大以来重要文献选编》（上），北京：中央文献出版社，2014年9月，第70页。

[2] 革命老区：土地革命战争时期、抗日战争时期以及解放战争时期，在中国共产党领导下先后建立的根据地。

边疆地区、贫困地区在三农工作中要把扶贫开发作为重中之重）和"三个格外"（对困难群众要格外关注、格外关爱、格外关心）等重要思想，拉开了习近平总书记抓脱贫攻坚的序幕。2013年，习近平总书记又提出以"精准扶贫"为核心的扶贫开发战略思想。

扶贫思想是习近平新时代中国特色社会主义思想的重要组成部分。习近平总书记强调，扶贫开发工作，要坚持正确的政治方向，坚持实事求是的思想路线，坚持以人民为中心的发展思想，坚持新发展理念，坚持全面从严治党。习近平扶贫思想反映了习近平新时代中国特色社会主义思想的重要内容。中国脱贫攻坚是习近平新时代中国特色社会主义思想的伟大实践，取得的显著成效充分证明了习近平新时代中国特色社会主义思想的重要理论和实践价值。习近平扶贫思想极大拓展了治国理政思想的内涵，精准扶贫在实践中取得的成功也推动了精准思维在治国理政中的广泛运用。

习近平扶贫思想与马克思主义反贫困理论也是一脉相承的，是马克思主义同中国特色社会主义制度下反贫困最新实践相结合的产物，是中国特色扶贫开发理论和实践的新发展。受客观条件限制，马克思反贫困理论主要关注资本主义制度下城市工人阶级的贫困问题。习近平在继承发展马克思主义反贫困理论的基础上，坚持运用马克思主义基本立场、观点、方法来分析中国贫困问题，对社会主义初级阶段下农村贫困问题特征、反贫困深层次矛盾问题以及系统治理贫困进行了深入研究，找到了符合辩证唯物主义和历史唯物主义的反贫困客观规律，开创了社会主义制度下反贫困理论新境界。

习近平新时代中国特色社会主义思想是指导中国脱贫攻坚的强大思想武器。习近平新时代中国特色社会主义思想是一个内容丰富的科学理论体系，既是世界观、价值观，也是认识论、方法论，贯穿着辩证唯物主义和历史唯物主义的立场、观点、方法，凝结着中国共产党人治国理政的理论创新、实践创新、制度创新成果，一系列具有前瞻性、引领性的重大部署和战略运筹，为当代中国发展注入了源源不断的强劲动力，也为破解中国发展难题提供了根本遵循。习近平新时代中国特色社会主义思想还深刻揭示了中国扶贫开发工作的基本特征和科学规律，精辟阐释了当前及下一阶段扶贫开发工作的发展方向和实践途径，为打好脱贫攻坚战提供了根本遵循、精神动力和行动指南。

第二节 社会主要矛盾变化与脱贫攻坚

党的十九大作出重大判断：中国特色社会主义进入新时代，中国社会主要矛盾已经转化为人民日益增长的美好生活需要和不平衡不充分的发展之间的矛盾。这一论断明确了新时代中国特色社会主义的根本任务和价值目标，也对中国共产党领导国家工作提出了诸多新要求，其中很重要的一个方面就是要紧密联系"脱贫攻坚"的实际，坚决打赢脱贫攻坚战。

一方面，要紧扣中国社会主要矛盾变化，认识脱贫攻坚的重要性。

新时代中国社会主要矛盾的本质仍然是供求之间的矛盾，矛盾的一方是人民的需求，另一方则是社会的供给。目前，随着中国社会生产力水平的提高，人民群众的需求已经从物质文化生活的量转到了质，实现了从量变到质变的飞跃。发展不平衡，主要指民生领域还有不少短板，脱贫攻坚任务艰巨，城乡区域发展和收入分配差距依然较大。发展不充分，主要指发展质量和效益还不高，创新能力不够强，生态环境保护任重道远等。可以说，目前是蛋糕已经做大，但是并没有达到"色香味俱全"的水平，蛋糕也没有分好。从"物质文化需求"到"美好生活需要"，中国走了40多年，人们也从单一的对物质的追求上升到对美好生活的全方位需要。以前我们要解决的是"有没有"的问题，现在则是要解决"好不好"的问题。

另一方面，新时代中国社会主要矛盾对脱贫攻坚提出了更高标准和更高要求。满足人民日益增长的美好生活需求必须以解决贫困人口基本生活问题为前提，如果连贫困人口的基本生活需要都满足不了，就谈不上满足广大人民对美好生活的需求。贫困人口的基本生活需求是什么？以习近平同志为核心的党中央给出了明确答案。从当前来看，就是到2020年稳定实现农村贫困人口不愁吃、不愁穿，农村贫困人口义务教育、基本医疗、住房安全有保障，即"两不愁三保障"。从长远来看，就是实现幼有所育、学有所教、劳有所得、病有所医、老有所养、住有所居、弱有所扶。要满足贫困人口的这些基本生活需求，我们必须多谋民生之利、多解民生之忧，深入开展脱贫攻坚，保证全体人民在共建共享发展中有更多获得感，不断促进人的全面发展、全体人民共同富裕。

第三节　全面建成小康社会与脱贫攻坚

小康社会的理想是中华民族追求社会进步和美好梦想的生动体现。中国改革开放初期，邓小平以高度的政治智慧，将"小康"概念引入改革开放和社会主义现代化建设，形成著名的"三步走"战略，生动表达了中华民族的雄心壮志，赋予中国道路基础性价值内涵。党的十八大以来，以习近平同志为核心的党中央根据国内外形势变化，顺应中国经济社会新发展和广大人民新期待，提出全面建成小康社会的目标要求，其中包括到 2020 年，中国现行标准下农村贫困人口实现脱贫，贫困县全部摘帽，解决区域性整体贫困。因此，脱贫攻坚既是全面建成小康社会需要完成的重要任务，也是全面建成小康社会的目标要求。

全面建成小康社会的最基本要求就是消除贫困。贫穷不是社会主义，消除贫困、改善民生、逐步实现共同富裕是社会主义的本质要求，是中国共产党的重要使命。党的十八大以来，以习近平同志为核心的党中央高度重视扶贫开发工作，大力实施精准扶贫，不断丰富和拓展中国特色扶贫开发道路，不断开创扶贫开发事业新局面，体现了中国共产党领导中国人民实现全面建成小康社会的坚定决心和强大信心。习近平总书记指出："我们不能一边宣布全面建成了小康社会，另一边还有几千万人口的生活水平处在扶贫标准线以下，这既影响人民群众对全面建成小康社会的认可度,也影响国际社会对我国全面建成小康社会的认可度。"[1]

贫困往往是很多社会矛盾和问题产生的根源,当贫困还大面积存在时,没有人能置身事外。因此,习近平总书记指出:"解决农村的扶贫现状绝不能让一个少数民族、一个地区掉队,要让13亿中国人民共享全面小康的成果。"[2]扶贫开发要始终以消除贫困为首要任务,以改善民生为基本目的,以实现共同富裕为根本方向,让困难群众过上有尊严的幸福生活,从内心感受到温暖,从而充分体现中国特色社会主义制度的优越性。

让全体人民共享改革发展的成果,是中国共产党治国理政的基本理念。习近平总书记指出:"中国梦归根到底是人民的梦,必须紧紧依靠人民来实现,必须不断为人民造福。"[3]目前中国人民生活水平、居民收入水平、社会保障水平持续提高,但仍存在收入差距较大、部分群众生活比较困难等问题。坚决打赢脱贫攻坚战就是不断增进全体人民的福祉,就是真正落实共同富裕的理念。

贫困人口全部脱贫是全面建成小康社会的一个标志性指标,是中国"十三五"时期的重大战略任务。到2020年全面建成小康社会,是中

---

[1] 刘永富:《全力补齐全面建成小康社会的突出短板》,载《求是》,2016年第6期。

[2] 李军:《打赢脱贫攻坚的强大思想武器》,载《人民日报》,2018年9月17日,第7版。

[3] 中共中央文献研究室:《十八大以来重要文献选编》(上),北京:中央文献出版社,2014年9月,第235页。

国共产党确定的"两个百年"奋斗目标的第一个百年奋斗目标,是中国共产党向人民、向历史作出的庄重承诺。届时如果实现国内生产总值和城乡居民人均收入比2010年翻一番,人均国内生产总值将达到1.2万美元左右,按照世界银行现行标准,接近高收入国家水平,基本跨越"中等收入陷阱"。跨越"中等收入陷阱"是就国内生产总值而言的,但全面建成小康社会新的目标要求是全面的,是要惠及十几亿人口、收入差距缩小、人民生活水平和质量普遍提高的,是要城乡区域协调发展、生态文明建设、社会公平正义等取得显著进步的。与这些目标要求比,目前一些方面还存在着差距。其中最突出的是现有农村贫困人口脱贫和解决区域性整体贫困问题。全面建成小康社会这一目标能否最终实现,关键是要解决农村人口的贫困问题。习近平总书记指出:"小康不小康,关键看老乡。"[1] 全面小康,是惠及全体人民的小康,是不能有人掉队的小康,绝不能把贫困地区和贫困人口排除在外。

完成脱贫攻坚任务是全面建成小康社会的底线目标,是全面建成小康社会的必由之路。这个目标的主要内容是,到2020年实现"两不愁三保障",核心是"两个确保"。"两不愁"就是稳定实现农村贫困人口不愁吃、不愁穿;"三保障"就是保障义务教育、基本医疗、住房安全;"两个确保"就是确保农村贫困人口全部脱贫,确保贫困县全部脱贫摘帽。全面小康目标能否如期实现,关键取决于脱贫攻坚战能否打赢。没有农村贫困人口全部脱贫,就没有全面建成小康社会,这个底线任务

---

[1] 《"小康不小康,关键看老乡"——论始终把"三农"工作牢牢抓住紧紧抓好》,载《人民日报》,2013年12月26日,第1版。

不能打任何折扣,中国共产党向人民作出的承诺不能打任何折扣。只有脱贫攻坚目标如期实现,解决好贫困人口生产生活问题,满足贫困人口追求幸福的基本要求,才能凸显全面小康社会成色,才能让人民群众满意、国际社会认可。

打赢脱贫攻坚战是全面建成小康社会中最为艰巨和复杂的任务之一。当前,中国进入了全面建成小康社会的决胜阶段,扶贫开发进入了啃硬骨头、攻坚拔寨的冲刺期。脱贫攻坚时间紧任务重,截至2018年年底,全国还有农村贫困人口1660万人。而且,经过多年的努力,容易脱贫的地区和人口已经基本脱贫了,剩下的贫困人口大多贫困程度较深,自身发展能力比较弱,越往后脱贫攻坚成本越高、难度越大。一是剩余贫困人口脱贫难度大,尚未脱贫人口中,长期患病者、残疾人、孤寡老人等特殊困难群体和自身发展动力不足的贫困人口比例高,且越往后比例会越高,这部分人可能长期需要财政扶持。二是深度贫困地区如期脱贫任务重,"三区三州"[1]深度贫困地区贫困状况虽然有了很大改观,但仍然是脱贫攻坚战的短板和难点。这些深度贫困地区和贫困人口能否脱贫,已成为全面建成小康社会的重中之重。以前出台一项政策、采取一项措施就可以解决成百万甚至上千万人的贫困,现在减贫政策效应递减,需要以更大的投入实现脱贫目标。因此,必须充分认识脱贫攻坚面临的长期性、艰巨性和复杂性,客观分析脱贫攻坚面临的新形势和新挑战,确保坚决打赢这场对如期全面建成小康社会具有决定性

---

[1] "三区":西藏、新疆南疆四地州和四省藏区(四川、云南、甘肃、青海);"三州":甘肃的临夏州、四川的凉山州和云南的怒江州。

意义的脱贫攻坚战。

第四节 新发展理念与脱贫攻坚

发展理念是发展行动的先导，能够管全局、管根本、管方向、管长远。发展理念搞对了，目标任务就好定了，政策举措也就跟着好定了。中国共产党十八届五中全会提出了全面建成小康社会需要坚持创新、协调、绿色、开放、共享的新发展理念。脱贫攻坚是全面建成小康社会最艰巨的任务，打赢脱贫攻坚战关键是牢固树立并贯彻新发展理念。

坚持共享发展，让全体人民都过上小康生活。共享发展居于新发展理念的核心地位。消除贫困、改善民生、逐步实现共同富裕，是社会主义的本质要求，是中国共产党的重要使命。发展为了人民、发展依靠人民、发展成果由人民共享，使全体人民在共建共享发展中有更多获得感，从而在共同富裕中增强发展的动力。在全面建成小康社会这幅壮美画卷中，民生是最厚重的底色，共享是最温暖的主题。共享发展，明确了发展为了谁的问题。共享是全面共享，要让人人享有；共享是全方位共享，让人民共享经济、政治、文化、社会、生态各方面的成果；共享是共建共享，要形成人人参与、人人尽力、人人都有成就感的发展局面；共享是渐进共享，要立足国情，不好高骛远。共享既不能走绝对平均主义的老路，也不能复制一些国家的高福利发展模式。共享注重的是社会公平，目的是要实现共同富裕。落实共享发展理念，实现有效脱贫，就要坚持充分调动人民群众的积极性、主动性、创造性，举全民之力推进脱贫攻坚，增加公共服务供给、提高教育质量、促进就业创业，不断把蛋糕做大；就要坚持做大蛋糕和分好蛋糕，加大对贫困群众的帮扶力度，缩小收入差距，建立更加公平更可持续的社会保障制度，让社会主义制度的优越性得到更充分体现，让人民群众有更多获得感。

坚持创新发展，增强脱贫攻坚内生动力。创新是脱贫攻坚的强大动力。以习近平同志为核心的党中央从决定民族前途命运的高度反复强调创新的极端重要性，指出创新是引领发展的第一动力，必须把创新发展摆在脱贫攻坚全局的核心位置，切实把贫困地区发展基点放在创新上，让贫困人口搭上改革发展的快车，共同致富，进一步形成脱贫致富的内在驱动力。一是创新扶贫开发路径，由"大水漫灌"向"精准滴灌"转变。脱贫攻坚要取得实实在在的效果，关键是找准路子，抓重点、解难点、把握着力点。搞大水漫灌、走马观花、大而化之、"手榴弹炸跳蚤"肯定不行，必须在"精准"二字上下功夫、出实招、见实效，实现"精准滴灌"式的真扶贫、扶真贫。二是创新扶贫资源使用方式，由多头分散向统筹集中转变。以扶贫规划为引领，以重点扶贫项目为平台，把专项资金、相关涉农资金和社会帮扶资金捆绑集中使用,统筹运用好资金、资产、资源，集中力量精准脱贫。三是创新扶贫开发模式，由偏重"输血"向注重"造血"转变。注重调动贫困地区干部群众积极性和创造性，注重贫困地区教科文卫体等社会事业发展，注重贫困地区基础设施建设和产业发展，注重智力扶贫，努力增强贫困人口自我发展能力。

坚持协调发展，推动贫困地区持续健康发展。协调发展是推动贫困地区脱贫致富的必然路径。协调是持续健康发展的内在要求。改革开放以来，中国经济社会快速发展，然而地区、城乡差距也随之拉大。贫困地区主要分布在中西部的农村，发展中不平衡、不协调、不可持续的问题突出。只有坚持协调发展，才能破解发展困境，强化整体性和协调性，增强发展后劲，带动贫困地区走向共同富裕之路。一方面，要推进"四化同步"，带动贫困地区快速发展。以工业化为动力，推进绿色、循环、低碳为主的新型工业化，打造脱贫攻坚的发动机。以信息化为纽带，降低扶贫工作成本、提升扶贫工作实效，激发扶贫开发的发展潜能。以新型城镇化为载体，贫困人口实现从农村向相对发达城市转移，同时为工业化提供场所、劳动力和消费市场，推动脱贫攻坚全面展开。以农业现代化为抓手，提高农业劳动效率，大幅减少城镇和乡村贫困人口。另一方面，要推动城乡区域协调发展，解决区域性整体贫困。全面建成小康社会，难点在农村，重点在特困地区，这是脱贫攻坚的主战场。坚持和健全城乡发展一体化体制机制，坚持工业反哺农业、城市支持农村，推进城乡要素平等交换、合理配置和基本公共服务均等化，促进农业发展、农民增收，把贫困地区建设成农民幸福生活的美好家园。大河有水小河满，城乡区域协调发展了，才能消除区域性整体贫困。

坚持绿色发展，努力实现贫困地区永续发展。绿色发展是贫困地区永续发展的必要条件。消除贫困和保护环境是世界可持续发展领域的两大核心问题。把绿色发展理念贯穿精准扶贫全过程，将发展绿色经济作为推进精准扶贫工作的重要抓手，是推动贫困地区实现永续发展和贫困地区群众精准脱贫的现实需要。一是强化绿色扶贫理念。绿色发展，既是治贫之举，也是固本之道。扶贫开发不能以牺牲生态为代价，要牢固树立"保护生态就是保护生产力，绿水青山就是金山银山"的理念，把生态保护放在优先位置，坚持节约优先、保护优先、自然恢复优先的基本方针，坚持绿色发展、低碳发展、循环发展的基本途径，在适度开发减少贫困的同时，为贫困地区留足持续发展的生态资本。二是加快发展绿色经济。加强生态环境的修复和建设，大力开发生态产品和生态产业，强化绿色资本的积累，推动贫困地区自然资本增值，让良好生态环境成为贫困地区人民生活的增长点。三是因地制宜制定绿色扶贫政策。对于生态遭到破坏的贫困地区，要大力恢复生态，做好退耕还林还草、天然林保护、石漠化治理、水生态治理等生态工程。对于需要保护的重点生态功能区，增加转移支付，开展生态综合补偿试点，健全公益林补偿标准动态调整机制，完善生态保护和综合补偿政策，让贫困地区从生态保护中得到更多实惠。

坚持开放发展，推动贫困地区走向繁荣。开放是贫困地区繁荣发展的必由之路。习近平总书记指出："人类的历史就是在开放中发展的。任何一个民族的发展都不能只靠本民族的力量。只有处于开放交流之中，经常与外界保持经济文化的吐纳关系，才能得到发展，这是历史的规律。"[1] 要大力实施开放式精准扶贫。一是引导和帮助贫困群众摆脱封闭、单一的自然经济状态，走向开放的市场经济，使贫困地区经济

---

[1] 王宇航：《人文交流让开放发展行稳致远（新知新觉）》，载《人民日报》，2018年10月30日，第7版。

实现良性循环。一方面积极参与国内市场竞争，大力引进信息、资金、技术和人才，实现优势互补；另一方面积极参与国际市场的竞争和交换，促进贫困地区经济发展。二是鼓励引导全社会广泛参与脱贫攻坚。脱贫攻坚需要政府、市场和社会的协同推进，以及贫困地区、扶贫对象的充分参与。政府应发挥主导作用，让市场和社会成为反贫困重要力量，先富帮后富，同奔小康路。三是加强减贫交流合作。中国地域广阔，贫困地区的贫困原因和扶贫手段多种多样，各地在扶贫开发中也探索出了具有地方特色的实践经验，推动地区间经验交流，有利于相互借鉴经验，取长补短。此外，还要注重加强与发展中国家和国际机构在减贫领域的交流合作，积极借鉴国际先进减贫理念与经验。

第五节 脱贫攻坚的基本蓝图

党的十八大以来，中国共产党把贫困人口脱贫作为全面建成小康社会的底线任务和标志性指标，举全党、全国、全社会之力，采取超常规的举措，全面打响脱贫攻坚战。2015 年 11 月，习近平总书记在中央扶贫开发工作会议上强调，要立下愚公移山志，咬定目标、苦干实干，坚决打赢脱贫攻坚战，确保到 2020 年所有贫困地区和贫困人口一道迈入全面小康社会。2015 年 11 月，《中共中央国务院关于打赢脱贫攻坚战的决定》颁布，提出了打赢脱贫攻坚战的总体要求和具体方略。

2016年11月，国务院印发《"十三五"脱贫攻坚规划》，阐明"十三五"时期国家脱贫攻坚总体思路、基本目标、主要任务和重大举措。2017年10月，在党的十九大报告中，习近平总书记再次把扶贫提高到新的战略高度，并对扶贫攻坚提出了新思想、新目标，开启了中国共产党领导脱贫攻坚的新征程。2018年6月，《中共中央国务院关于打赢脱贫攻坚战三年行动的指导意见》（以下简称《指导意见》）出台，对2018年至2020年的脱贫攻坚工作作了全面部署。《指导意见》是当前中国脱贫攻坚工作的纲领性文件，明确了脱贫攻坚的任务书、路线图和时间表。

所谓任务书，就是目标任务，就是要在脱贫攻坚上下真功夫，把脱贫攻坚工作分解成若干的任务项、任务包，逐一对号、逐一落实、逐一销号，强调脱贫攻坚的结果和质量；所谓路线图，就是建立行之有效的体制机制，在尊重中国经济社会发展规律和扶贫开发工作实际的基础上，制定出一套管用的体制机制，推动扶贫开发工作制度化、规范化、体系化，用健全管用的体制机制确保脱贫工作任务的完成；所谓时间表，就是按照既定时间要求，出成绩、成实效，不辜负人民的期望，如期完成中央既定的任务。

《指导意见》指出了脱贫攻坚新的时代背景。党的十九大明确把精准脱贫作为决胜全面建成小康社会必须打好的三大攻坚战之一，作出了新的部署。从脱贫攻坚任务看，还有一部分农村贫困人口需要脱贫，其中因病、因残致贫比例居高不下，在2020年以前完成脱贫目标，任务十分艰巨。特别是西藏、四省藏区、新疆南疆四地州和四川凉山州、云南怒江州、甘肃临夏州（简称"三区三州"）等深度贫困地区，不仅贫困发生率高、贫困程度深，而且基础条件薄弱、致贫原因复杂、发展严重滞后、公共服务不足，脱贫难度更大。从脱贫攻坚工作看，形式主义、官僚主义、弄虚作假、急躁和厌战情绪以及消极腐败现象仍然存在，影响脱贫攻坚有效推进。必须清醒地把握打赢脱贫攻坚战的困难和挑战，一鼓作气、尽锐出战、精准施策，以更有力的行动、更扎实的工作，集中力量攻克贫困的难中之难、坚中之坚，确保坚决打赢这场对如期全面建成小康社会、实现第一个百年奋斗目标具有决定性意义的脱贫攻坚战。

《指导意见》明确了脱贫攻坚的时间表：到2020年，巩固脱贫成果，通过发展生产脱贫一批，易地搬迁脱贫一批，生态补偿脱贫一批，发展教育脱贫一批，社会保障兜底一批，因地制宜综合施策，确保现行标准下农村贫困人口实现脱贫，消除绝对贫困；确保贫困县全部摘帽，解决区域性整体贫困。实现贫困地区农民人均可支配收入增长幅度高于全国平均水平。实现贫困地区基本公共服务主要领域指标接近全国平均水平，主要有贫困地区具备条件的乡镇和建制村通硬化路，贫困村全部实现通动力电，全面解决贫困人口住房和饮水安全问题，贫困村达到人居环境干净整洁的基本要求，切实解决义务教育学生因贫失学辍学问题，基本养老保险和基本医疗保险、大病保险实现贫困人口全覆盖，最低生活保障实现应保尽保。集中连片特困地区和革命老区、民族地区、边疆地区发展环境明显改善，深度贫困地区如期完成全面脱贫任务。

《指导意见》明确了脱贫攻坚的任务书。即：集中力量支持深度贫困地区脱贫攻坚、强化到村到户到人精准帮扶举措、加快补齐贫困地区基础设施短板。一是提出从三个方面集中力量支持深度贫困地区脱贫攻坚：着力从基础设施建设和生态环境治理方面改善深度贫困地区发展条件、着力从卫生健康和居住条件方面解决深度贫困地区群众特殊困难、着力从民生建设和产业发展等方面加大深度贫困地区政策倾斜力度。二是从十个方面强化各项到村到户到人的精准帮扶举措：加大产业扶贫力度、全力推进就业扶贫、深入推动易地扶贫搬迁、加强生态扶贫、着力实施教育脱贫攻坚行动、深入实施健康扶贫工程、加快推进农村危房改造、强化综合性保障扶贫、开展贫困残疾人脱贫行动、开展扶贫扶志行动。三是从四个方面加快补齐贫困地区基础设施的短板：加快实施交通扶贫行动、大力推进水利扶贫行动、大力实施电力和网络扶贫行动、大力推进贫困地区农村人居环境整治。

《指导意见》明确了脱贫攻坚的路线图。一是从四个方面加强精准脱贫攻坚行动支撑保障：强化财政投入保障、加大金融扶贫支持力度、加强土地政策支持、实施人才和科技扶贫计划。二是从五个方面动员全社会力量参与脱贫攻坚：加大东西部扶贫协作和对口支援力度、深入开展定点扶贫工作、扎实做好军队帮扶工作、激励各类企业和社会组织扶贫、大力开展扶贫志愿服务活动。三是从三个方面夯实精准扶贫精准脱贫基础性工作：强化扶贫信息的精准和共享、健全贫困退出机制、开展国家脱贫攻坚普查。四是从九个方面加强和改善党对脱贫攻坚工作的领导：进一步落实脱贫攻坚责任制、压实中央各部门扶贫责任、完善脱贫攻坚考核监督评估机制、建强贫困村党组织、培养锻炼过硬的脱贫攻坚干部队伍、营造良好舆论氛围、开展扶贫领域腐败和作风问题专项治理、做好脱贫攻坚风险防范工作、统筹衔接脱贫攻坚与乡村振兴。

第二章

中国脱贫攻坚的主要路径

中国地域广阔，人口众多，地区差异较大，脱贫攻坚需要采取多样化的方式，分类实施，不能搞一刀切。中国政府坚持精准扶贫精准脱贫基本方略、坚持扶贫同扶志扶智相结合、坚持开发式扶贫和保障性扶贫相统筹，结合致贫原因和各地实际，创造性地提出产业扶贫、就业扶贫、易地扶贫、生态扶贫、教育扶贫、健康扶贫、综合保障性扶贫等丰富多样的扶贫方式[1]，确保扶贫成果惠民，让贫困群众不断增强获得感、幸福感、安全感。

---

[1] 《中共中央国务院关于打赢脱贫攻坚战三年行动的指导意见》，载《人民日报》，2018年8月20日，第1版。

第二章 中国脱贫攻坚的主要路径

第一节 加强贫困地区基础设施建设

加强贫困地区基础设施建设，是实现农村脱贫和推进乡村全面振兴工作大局中的基础性工程。经过多年的努力，尽管贫困地区的基础设施有了较大改善，但仍是贫困地区发展的短板，需要尽快补齐。

基础设施建设仍是贫困地区发展的短板。党的十八大以来，中国农村基础设施建设成效显著，特别是通过"四好农村路"[1]建设、农村饮水安全工程、农村厕所革命等重点工作，实现了绝大多数自然村通公路、通电、通电话，自来水、天然气、宽带网络等生活设施进入农村的新气象，打造出不少田园风光与现代文明交相辉映的新农村社区，大大提升了农民群众的获得感、幸福感、安全感。然而，在一些地方，农村基础设施建设落后依然是城乡发展不平衡的突出表现；有些农村地区因自然条件、经济发展水平、历史文化等因素的制约，在基础设施规划建设和后续管护服务中存在着"痛点"和"堵点"。

加强贫困地区基础设施建设要突出重点。一是加快实施交通扶贫行动。在贫困地区逐步建成外通内联、通村畅乡、客车到村、安全便捷

---

[1] "四好农村路"：习近平总书记于2014年3月4日提出，要进一步建好、管好、护好、运营好农村公路，逐步消除制约农村发展的交通瓶颈，为广大农民脱贫致富奔小康提供更好的保障。

33

的交通运输网络；实现具备条件的乡镇、建制村通硬化路；以示范县为载体，推进贫困地区"四好农村路"建设；扩大农村客运覆盖范围，到 2020 年实现具备条件的建制村通客车目标；加快贫困地区农村公路安全生命防护工程建设，基本完成乡道及以上行政等级公路安全隐患治理；推进窄路基路面农村公路合理加宽改造和危桥改造；改造建设一批贫困乡村旅游路、产业路、资源路，优先改善自然人文、少数民族特色村寨和风情小镇等旅游景点景区交通设施；加大成品油税费改革转移支付用于贫困地区农村公路养护力度；推进国家铁路网、国家高速公路网连接贫困地区项目建设，加快贫困地区普通国省道改造和支线机场、通用机场、内河航道建设。

二是大力推进水利扶贫行动。加快实施贫困地区农村饮水安全巩固提升工程，落实工程建设和管护责任，强化水源保护和水质保障，因地制宜加强供水工程建设与改造，显著提高农村集中供水率、自来水普及率、供水保证率和水质达标率，到 2020 年全面解决贫困人口饮水安全问题；加快贫困地区大中型灌区续建配套与节水改造、小型农田水利工程建设，实现灌溉水源、灌排骨干工程与田间工程协调配套；切实加强贫困地区防洪工程建设和运行管理；继续推进贫困地区水土保持和水生态建设工程。

三是大力实施电力和网络扶贫行动。实施贫困地区农网改造升级，加强电力基础设施建设，建立贫困地区电力普遍服务监测评价体系，引导电网企业做好贫困地区农村电力建设管理和供电服务，到 2020 年实现大电网延伸覆盖至全部县城；大力推进贫困地区农村可再生能源开发利用；深入实施网络扶贫行动，统筹推进网络覆盖、农村电商、网络扶智、信息服务、网络公益五大工程向纵深发展，创新"互联网+"扶贫模式；完善电信普遍服务补偿机制，引导基础电信企业加大投资力度，实现90%以上贫困村宽带网络覆盖；鼓励基础电信企业针对贫困地区和贫困群众推出资费优惠举措，鼓励企业开发有助精准脱贫的移动应用软件、智能终端。

四是大力推进贫困地区农村人居环境整治。开展贫困地区农村人居环境整治三年行动，因地制宜确定贫困地区村庄人居环境整治目标，重点推进农村生活垃圾治理、卫生厕所改造；开展贫困地区农村生活垃圾

河北省国家级贫困县阜平县平石头村着力改善村庄基础设施，开展垃圾治理、厕所革命、住房改造、"四好农村路"建设等工作，如今村庄基本实现道路网络畅通，村民住上新房，村容得到整体改善，村民的获得感、幸福感、安全感得到极大提升。图为河北省阜平县平石头村（今）。

治理专项行动，有条件的地方探索建立村庄保洁制度；因地制宜普及不同类型的卫生厕所，同步开展厕所粪污治理，有条件的地方逐步开展生活污水治理；加快推进通村组道路建设，基本解决村内道路泥泞、村民出行不便等问题。

加强贫困地区基础设施建设要明确基本思路。真抓实干、久久为功，补齐农村基础设施短板，让农村基础设施建设经得起历史和人民的检验，建立全域覆盖、普惠共享、城乡一体的基础设施服务网络。

一是坚持先规划后建设的原则。农村基础设施建设投入大、周期长、影响广，必须先进行科学规划再开展项目实施，杜绝建设性破坏、贪大求洋、"翻烧饼"等现象。同时，将规划放在乡村全面振兴和城乡融合发展的大局中进行设计，通盘考虑土地利用、产业发展、居民点布局、人居环境整治、生态保护和历史文化传承，务求多规合一、实用适用，推进城乡基础设施互联互通。

二是创新多元投入的机制。农村基础设施建设不能只靠敲锣打鼓，必须有真金白银的投入。有关部门通过机制创新提高财政资金使用效能。一方面算好"整合账"，统筹安排财政资金的分配使用，重点支持需要优先发展的领域，避免"撒胡椒面"；另一方面念好"撬动经"，积极创新投入方式，引导和鼓励社会资本投入农村基础设施项目建设和后续管护服务。

三是明确循序渐进的基调。农村基础设施建设不会"一口吃个胖子"，主要思路是先抓重点工程，再向外延伸，先搞好硬件，再完善软件，既有突破精神，提高建设效率，又有历史耐心，确保建设质量，一步一个脚印地扎实推进。当前的主要任务是建设好农村交通运输、农田水利、农村饮水、乡村物流、宽带网络等与农村生产生活关系最密切的基础设施。

第二节 加大贫困地区生态环境保护力度

贫困地区大多分布在生态脆弱地区与重点生态功能区高度重叠的一些集中连片特困地区，这些地区生态环境保护与减贫任务繁重，如何在既保护好生态环境的同时又实现贫困人口全面脱贫，是摆在中国面前的一个重要课题。近年来，生态扶贫作为精准扶贫的重要方式受到中国政府的高度重视。2018年1月18日，中国国家发展改革委、国务院扶贫办等六部门联合印发了《生态扶贫工作方案》，部署发挥生态保护在精准扶贫、精准脱贫中的作用，牢固树立和践行绿水青山就是金山银山的理念，坚持扶贫开发与生态保护并重，通过实施重大生态工程建设、加大生态补偿力度、大力发展生态产业、创新生态扶贫方式等，切实加大对贫困地区、贫困人口的支持力度，推动贫困地区扶贫开发与生态保护相协调、脱贫致富与可持续发展相促进，使贫困人口从生态保护与修复中得到更多实惠，实现脱贫攻坚与生态文明建设"双赢"。

第一，加强重大生态工程建设。中国政府加强贫困地区生态保护与修复，在各类重大生态工程项目和资金安排上进一步向贫困地区倾斜，组织动员贫困人口参与重大生态工程建设，提高贫困人口受益程度。2018年以来，重点实施了退耕还林还草、退牧还草、沙源治理、天然林资源保护、防护林体系建设、水土保持、石漠化综合治理、湿地保护与恢复等11项生态工程。

一是实施退耕还林还草工程。调整贫困地区25度以上陡坡耕地基本农田保有指标，加大贫困地区新一轮退耕还林还草力度。新增退耕还林还草任务向中西部22个省（区、市）倾斜，省（区、市）优先支持有需求的贫困县，特别是深度贫困地区。各贫困县再将任务优先安排给符合条件的贫困人口。在树种、草种选择上，指导贫困户发展具有较好经济效益且适应当地种植条件的经济林种、草种，促使贫困户得到长期稳定收益，巩固脱贫成果。确保2020年年底前，贫困县符合现行退耕政策且有退耕意愿的耕地全部退耕还林还草。

二是实施退牧还草工程。在内蒙古、陕西、宁夏、新疆、甘肃、四川、云南、青海、西藏、贵州等省区及新疆生产建设兵团符合条件的贫困县实施退牧还草工程。根据退牧还草工程区贫困农牧民需求，在具备条件的县适当增加舍饲棚圈和人工饲草地年度任务规模。

三是实施青海三江源（长江、黄河、澜沧江的源头江水区）生态保护和建设二期工程。深入推进三江源地区森林、草原、荒漠、湿地与湖泊生态系统保护和建设，加大黑土滩等退化草地治理，完成黑土滩治理面积220万亩，有效提高草地生产力。为从事畜牧业生产的牧户配套建设牲畜暖棚和贮草棚，改善生产条件。通过发展高原生态有机畜牧业，促进牧民增收。

四是实施京津风沙源治理工程。推进工程范围内53个贫困县（旗）的林草植被保护修复和重点区域沙化土地治理，提高现有植被质量和覆盖率，遏制局部区域流沙侵蚀，安排营造林315万亩、工程固沙6万亩，吸纳贫困人口参与工程建设。

五是实施天然林资源保护工程。以长江上游、黄河上中游为重点，加大对贫困地区天然林资源保护工程建设支持力度。支持依法通过购买服务开展公益林管护，为贫困人口创造更多的就业机会。

六是实施三北（西北、华北、东北）等防护林体系建设工程。优先安排三北、长江、珠江、沿海、太行山等防护林体系建设工程范围内226个贫困县的建设任务，加大森林经营力度，推进退化林修复，完成营造林1000万亩。加强国家储备林建设，积极利用金融撬动社会资本，重点在南方光热水土条件较好、森林资源较为丰富、集中连片贫困区域，发展1000万亩国家储备林。

七是实施水土保持重点工程。加大长江和黄河上中游、西南岩溶区、东北黑土区等重点区域水土流失治理力度，对纳入相关规划的水土流失严重贫困县，加大政策和项目倾斜力度，加快推进坡耕地、侵蚀沟治理和小流域综合治理。在综合治理水土流失的同时，培育经济林果和特色产业，实施生态修复，促进项目区生态经济良性循环，改善项目区农业生产生活条件。

八是实施石漠化综合治理工程。坚持"治石与治贫"相结合，重点支持滇桂黔石漠化区、滇西边境山区、乌蒙山区和武陵山区等贫困地区146个重点县的石漠化治理工程，采取封山育林育草、人工造林、森林抚育、小流域综合治理等多种措施，完成岩溶治理面积1.8万平方公里。

九是实施沙化土地封禁保护区建设工程。在内蒙古、西藏、陕西、甘肃、青海、宁夏、新疆等省（区）及新疆生产建设兵团的贫困地区推进沙化土地封禁保护区建设，优先将贫困县498万亩适宜沙地纳入工程范围，实行严格的封禁保护。加大深度贫困地区全国防沙治沙综合示范区建设，提升贫困地区防风固沙能力。

十是实施湿地保护与恢复工程。在贫困地区的国际重要湿地、国家级湿地自然保护区，实施一批湿地保护修复重大工程，提升贫困地区涵养水源、蓄洪防涝、净化水质的能力。支持贫困县实施湿地保护与恢复、湿地生态效益补偿、退耕还湿试点等项目，完善湿地保护体系。

十一是实施农牧交错带已垦草原综合治理工程。统筹推进农牧交错带已垦草原治理工程，加大向贫困地区倾斜力度，通过发展人工种草，提高治理区植被覆盖率，建设旱作优质饲草基地，结合饲草播种、加工机械的农机购置补贴，引导和支持贫困地区发展草食畜牧业，在实现草原生态恢复的同时，促进畜牧业提质增效。

第二，加大生态保护补偿力度。中国政府不断完善转移支付制度，探索建立多元化生态保护补偿机制，逐步扩大贫困地区和贫困人口生态补偿受益程度。

一是增加重点生态功能区转移支付。中央财政加大对国家重点生态功能区中的贫困县，特别是"三区三州"等深度贫困地区的转移支付力度，扩大政策实施范围，完善补助办法，逐步加大对重点生态功能区生态保护与恢复的支持力度。

二是不断完善森林生态效益补偿补助机制。健全各级财政森林生态效益补偿补助标准动态调整机制，调动森林保护相关利益主体的积极性，完善森林生态效益补偿补助政策，推动补偿标准更加科学合理。抓好森林生态效益补偿资金监管，保障贫困群众的切身利益。

三是实施新一轮草原生态保护补助奖励政策。在内蒙古、西藏、新疆、青海、四川、甘肃、云南、宁夏、黑龙江、吉林、辽宁、河北、山西等省（区）及新疆生产建设兵团的牧区半牧区县实施草原生态保护补助奖励政策，及时足额向牧民发放禁牧补助和草畜平衡奖励资金。

四是开展生态综合补偿试点。以国家重点生态功能区中的贫困县为主体，整合转移支付、横向补偿和市场化补偿等渠道资金，结合当地实际建立生态综合补偿制度，健全有效的监测评估考核体系，把生态补偿资金支付与生态保护成效紧密结合起来，让贫困地区农牧民在参与生态保护中获得应有的补偿。

第三，大力发展生态产业。中国注重依托和发挥贫困地区生态资源禀赋优势，选择与生态保护紧密结合、市场相对稳定的特色产业，将资源优势有效转化为产业优势、经济优势。支持贫困地区创建特色农产品优势区，在国家级特优区评定时，向脱贫攻坚任务重、带动农民增收效果突出的贫困地区适当倾斜。引导贫困县拓宽投融资渠道，落实资金整合政策，强化金融保险服务，着力提高特色产业抗风险能力。培育壮大生态产业，促进一二三产业融合发展，通过入股分红、订单帮扶、合作经营、劳动就业等多种形式，建立产业化龙头企业、新型经营主体与贫困人口的紧密利益联结机制，拓宽贫困人口增收渠道。

一是发展生态旅游业。健全生态旅游开发与生态资源保护衔接机制，加大生态旅游扶贫的指导和扶持力度，依法加强自然保护区、森林公园、湿地公园、沙漠公园、草原等旅游配套设施建设，完善生态旅游行业标准，建立健全消防安全、环境保护等监管规范。积极打造多元化的生态旅游产品，推进生态与旅游、教育、文化、康养等产业深度融合，大力发展生态旅游体验、生态科考、生态康养等，倡导智慧旅游、低碳旅游。引导贫困人口由分散的个体经营向规模化经营发展，为贫困人口兴办森林（草原）人家、从事土特产销售和运输提供便利服务。扩大与旅游相关的种植业、养殖业和手工业发展，促进贫困人口脱贫增收。在贫困地区打造具有较高知名度的 50 处精品森林旅游地、20 条精品森林旅游线路、30 个森林特色小镇、10 处全国森林体验和森林养生试点基地等，依托森林旅游实现增收的贫困人口数量达到 65 万户、200 万人。

二是发展特色林产业。在保证生态效益的前提下，积极发展适合在贫困地区种植、市场需求旺盛、经济价值较高的木本油料、特色林果、速丰林、竹藤、花卉等产业。建设林特产品标准化生产基地，推广标准化生产技术，促进特色林产业提质增效，因地制宜发展贫困地区区域特色林产业，做大产业规模，加强专业化经营管理。以发展具有地方和民族特点的林特产品初加工和精深加工为重点，延长产业链，完善仓储物流设施，提升综合效益。充分发挥品牌引领作用，支持龙头企业发展企业品牌，提高特色品牌的知名度和美誉度，扩大消费市场容量。为深度贫困地区特色林产品搭建展销平台，充分利用电商平台、线上线下融合、"互联网+"等各种新兴手段，加大林特产品市场的推介力度。

三是发展特色种养业。立足资源环境承载力，充分发挥贫困地区湖泊水库、森林、草原等生态资源优势，积极发展林下经济，推进农林复合经营。大力发展林下中药材、特色经济作物、野生动植物繁（培）育利用、林下养殖、高产饲草种植、草食畜牧业、特色水产养殖业等产业，积极推进种养结合，促进循环发展。加快发展农林产品加工业，积极发展农产品电子商务，打造一批各具特色的种养业示范基地，形成"龙头企业＋专业合作组织＋基地＋贫困户"的生产经营格局，积极引导贫困人口参与特色种养业发展。

第四，创新对贫困地区的支持方式。一是开展生态搬迁试点。结合建立国家公园体制，多渠道筹措资金，对居住在生态核心区的居民实施生态搬迁，恢复迁出区原始生态环境，帮助贫困群众稳定脱贫。按照"先行试点、逐步推开"的原则，在祁连山国家公园体制试点（甘肃片区）核心保护区先行开展生态搬迁试点，支持搬迁群众安置住房建设（购买）、后续产业发展和转移就业安排、迁出区生态保护修复等。在及时总结可复制、可推广经验做法的基础上，采取"一事一议"的办法稳步推开。

二是创新资源利用方式。推进森林资源有序流转，推广经济林木所有权、林地经营权等新型林权抵押贷款改革，拓宽贫困人口增收渠道。地方可自主探索通过赎买、置换等方式，将国家级和省级自然保护区、国家森林公园等重点生态区范围内禁采伐的非国有商品林调整为公益林，实现社会得绿，贫困人口得利。推进贫困地区农村集体产权制度改革，保障农民财产权益，将贫困地区符合条件的农村土地资源、集体所有森林资源，通过多种方式转变为企业、合作社或其他经济组织的股权，推动贫困村资产股份化、土地使用权股权化，盘活农村资源资产资金。

三是推广生态脱贫成功样板。积极探索通过生态保护、生态修复、生态搬迁、生态产业发展、生态乡村建设带动贫困人口精准脱贫增收的模式，研究深度贫困地区生态脱贫组织形式、利益联结机制、多业增收等措施和政策，及时总结提炼好的经验模式，积极推广深度贫困地区生态脱贫的好经验、好做法，在脱贫攻坚中更好地保护生态环境，帮助贫困群众实现稳定脱贫。

四是规范管理生态管护岗位。研究制定生态管护员制度，规范生态管护员的选聘程序、管护范围、工作职责、权利义务等，加强队伍建设，提升生态资源管护能力。加强生态管护员上岗培训，提升业务水平和安全意识。逐步加大贫困人口生态管护员选聘规模，重点向深度贫困地区、重点生态功能区及大江大河源头倾斜。坚持强化"县建、乡管、村用"的管理机制，对贫困程度较深的家庭，包括少数民族、退伍军人家庭优先考虑。

五是探索碳交易补偿方式。结合全国碳排放权交易市场建设，积极推动清洁发展机制和温室气体自愿减排交易机制改革，研究支持林业碳汇项目获取碳减排补偿，加大对贫困地区的支持力度。

第三节 推进贫困地区特色产业发展

产业扶贫是贫困地区探索脱贫致富的内生行动,各类产业扶贫工程透过村庄直达贫困户,并与土地、资本和劳动力等生产要素有机结合起来,既是变"输血式"扶贫为"造血式"扶贫的关键路径,也是彻底消除致贫因素、降低脆弱性、增强抗逆力、预防返贫的根本保障。2016年7月,习近平总书记在宁夏回族自治区固原市考察工作时强调,发展产业是实现脱贫的根本之策,要把培育产业作为脱贫攻坚的根本出路。2017年春节前夕,习近平总书记在河北省张家口市看望慰问基层干部群众时提出,要把发展生产扶贫作为主攻方向,努力做到户户有增收项目、人人有脱贫门路。《中共中央国务院关于实施乡村振兴战略的意见》明确指出,脱贫攻坚应"对有劳动能力的贫困人口,强化产业和就业扶持,着力做好产销衔接、劳务对接,实现稳定脱贫"[1]。要立足贫困地区资源禀赋,以市场为导向,充分发挥农民合作组织、龙头企业等市场主体作用,建立健全产业到户到人的精准扶持机制,每个贫困县建成一批脱贫带动能力强的特色产业,每个贫困乡、村形成特色拳头产品,贫困人口劳动技能得到提升,贫困户经营性、财产性收入稳定增加。

---

[1] 《中共中央国务院关于实施乡村振兴战略的意见》,载《人民日报》,2018年2月5日,第1版。

第一，农林产业扶贫。一是优化发展种植业。在粮食主产县，大规模建设集中连片、旱涝保收、稳产高产、生态友好的高标准农田，巩固提升粮食生产能力。在非粮食主产县，大力调整种植结构，重点发展适合当地气候特点、经济效益好、市场潜力大的品种，建设一批贫困人口参与度高、受益率高的种植基地，大力发展设施农业，积极支持园艺作物标准化创建。适度发展高附加值的特色种植业。生态退化地区要坚持生态优先，发展低耗水、有利于生态环境恢复的特色作物种植，实现种地养地相结合。

二是积极发展养殖业。因地制宜在贫困地区发展适度规模标准化养殖，加强动物疫病防控工作，建立健全畜禽水产良种繁育体系，加强地方品种保护与利用，发展地方特色畜牧业。通过实施退牧还草等工程和草原生态保护补助奖励政策，提高饲草供给能力和质量，大力发展草食畜牧业，坚持草畜平衡。积极推广适合贫困地区发展的农牧结合、粮草兼顾、生态循环种养模式。有序发展健康水产养殖业，加快池塘标准化改造，推进稻田综合种养工程，积极发展环保型养殖方式，打造区域特色水产生态养殖品牌。

三是大力发展林产业。结合国家生态建设工程，培育一批兼具生态和经济效益的特色林产业。因地制宜大力推进木本油料、特色林果、林下经济、竹藤、花卉等产业发展，打造一批特色示范基地，带动贫困人口脱贫致富。着力提高木本油料生产加工水平，扶持发展以干鲜果品、竹藤、速生丰产林、松脂等为原料的林产品加工业。

四是促进产业融合发展。深度挖掘农业多种功能，培育壮大新产业、新业态，推进农业与旅游、文化、健康养老等产业深度融合，加快形成农村一二三产业融合发展的现代产业体系。积极发展特色农产品加工业，鼓励地方扩大贫困地区农产品产地初加工补助政策实施区域，加强农产品加工技术研发、引进、示范和推广。引导农产品加工业向贫困地区县域、重点乡镇和产业园区集中，打造产业集群。推动农产品批发市场、产地集配中心等流通基础设施以及鲜活农产品冷链物流设施建设，促进跨区域农产品产销衔接。加快实施农业品牌战略，积极培育品牌特色农产品，促进供需结构升级。加快发展无公害农产品、绿色食品、有机农产品和地理标志农产品。

五是扶持培育新型经营主体。培育壮大贫困地区农民专业合作社、龙头企业、种养大户、家庭农（林）场、股份制农（林）场等新型经营主体，支持发展产供直销，鼓励采取订单帮扶模式对贫困户开展定向帮扶，提供全产业链服务。支持各类新型经营主体通过土地托管、土地流转、订单农业、牲畜托养、土地经营权股份合作等方式，与贫困村、贫困户建立稳定的利益联结机制，使贫困户从中直接受益。鼓励贫困地区各类企业开展农业对外合作，提升经营管理水平，扩大农产品出口。推进贫困地区农民专业合作社示范社创建，鼓励组建联合社。支持现代青年农场主培养计划向贫困地区倾斜。

六是加大农林技术推广和培训力度。强化贫困地区基层农业技术推广体系建设。鼓励科研机构和企业加强对地方特色动植物资源、优良品种的保护和开发利用。支持农业科研机构、技术推广机构建立互联网信息帮扶平台，向贫困户免费传授技术、提供信息。强化新型职业农民培育，扩大贫困地区培训覆盖面，实施农村实用人才带头人和大学生村官示范培训，加大对脱贫致富带头人、驻村工作队和大学生村官培养力度。对农村贫困家庭劳动力进行农林技术培训，确保有劳动力的贫困户中至少有一名成员掌握一项实用技术。

第二，旅游扶贫。一是因地制宜发展乡村旅游。开展贫困村旅游资源普查和旅游扶贫摸底调查，建立乡村旅游扶贫工程重点村名录。以具备发展乡村旅游条件的2.26万个建档立卡贫困村为乡村旅游扶贫重点，推进旅游基础设施建设，实施乡村旅游后备箱工程、旅游基础设施提升工程等一批旅游扶贫重点工程，打造精品旅游线路，推动游客资源共享。安排贫困人口旅游服务能力培训和就业。

二是大力发展休闲农业。依托贫困地区特色农产品、农事景观及人文景观等资源，积极发展带动贫困人口增收的休闲农业和森林休闲健康养生产业。实施休闲农业和乡村旅游提升工程，加强休闲农业聚集村、休闲农业园等配套服务设施建设，培育扶持休闲农业新型经营主体，促进农业与旅游观光、健康养老等产业深度融合。引导和支持社会资本开发农民参与度高、受益面广的休闲农业项目。

三是积极发展特色文化旅游。打造一批辐射带动贫困人口就业增收的风景名胜区、特色小镇，实施特色民族村镇和传统村落、历史文化名镇名村保护与发展工程。依托当地民族特色文化、红色文化、乡土文化和非物质文化遗产，大力发展贫困人口参与并受益的传统文化展示表演与体验活动等乡村文化旅游。开展非物质文化遗产生产性保护，鼓励民族传统工艺传承发展和产品生产销售。坚持创意开发，推出具有地方特点的旅游商品和纪念品。支持农村贫困家庭妇女发展家庭手工旅游产品。

第三，电商扶贫。一是培育电子商务市场主体。将农村电子商务作为精准扶贫的重要载体，把电子商务纳入扶贫开发工作体系，以建档立卡贫困村为工作重点，提升贫困户运用电子商务创业增收的能力。依托农村现有组织资源，积极培育农村电子商务市场主体。发挥大型电商企业孵化带动作用，支持有意愿的贫困户和带动贫困户的农民专业合作社开办网上商店，鼓励引导电商和电商平台企业开辟特色农产品网上销售平台，与合作社、种养大户建立直采直供关系。加快物流配送体系建设，鼓励邮政、供销合作等系统在贫困乡村建立和改造服务网点，引导电商平台企业拓展农村业务，加强农产品网上销售平台建设。实施电商扶贫工程，逐步形成农产品进城、工业品下乡的双向流通服务网络。对贫困户通过电商平台创业就业的，鼓励电商企业免费提供网店设计、推介服务和经营管理培训，鼓励地方政府给予网络资费补助和小额信贷支持。

二是改善农村电子商务发展环境。加强交通、商贸流通、供销合作、邮政等部门及大型电商、快递企业信息网络共享衔接，鼓励多站合一、服务同网。加快推进适应电子商务的农产品质量标准体系和可追溯体系建设以及分等分级、包装运输标准制定和应用。

第四，资产收益扶贫。一是组织开展资产收益扶贫工作。鼓励和引导贫困户将已确权登记的土地承包经营权入股企业、合作社、家庭农（林）场与新型经营主体形成利益共同体，分享经营收益。积极推进农村集体资产、集体所有的土地等资产资源使用权作价入股，形成集体股权并按比例量化到农村集体经济组织。财政扶贫资金、相关涉农资金和社会帮扶资金投入设施农业、养殖、光伏、水电、乡村旅游等项目形成的资产，可折股量化到农村集体经济组织，优先保障丧失劳动能力的贫困户。

二是建立健全收益分配机制。强化监督管理，确保持股贫困户和农村集体经济组织分享资产收益。创新水电、矿产资源开发占用农村集体土地的补偿补助方式，在贫困地区选择一批项目开展资源开发资产收益扶贫改革试点。通过试点，形成可复制、可推广的模式和制度，并在贫困地区推广，让贫困人口分享资源开发收益。

第五，科技扶贫。一是促进科技成果向贫困地区转移转化。组织高等学校、科研院所、企业等开展技术攻关，解决贫困地区产业发展和生态建设的关键技术问题。围绕全产业链技术需求，加大贫困地区新品种、新技术、新成果的开发、引进、集成、试验、示范力度，鼓励贫困县建设科技成果转化示范基地，围绕支柱产业转化推广先进适用技术成果。

二是提高贫困人口创新创业能力。深入推行科技特派员制度，基本实现特派员对贫困村科技服务和创业带动全覆盖。鼓励和支持高等院校、科研院所发挥科技优势，为贫困地区培养科技致富带头人。大力实施边远贫困地区、边疆民族地区和革命老区人才支持计划、科技人员专项计划，引导支持科技人员与贫困户结成利益共同体，创办、领办、协办企业和农民专业合作社，带动贫困人口脱贫。加强乡村科普工作，为贫困群众提供线上线下、点对点、面对面的培训。

三是加强贫困地区创新平台载体建设。支持贫困地区建设一批"星

第二章　中国脱贫攻坚的主要路径

创天地"、科技园区等科技创新载体。充分发挥各类科技园区在扶贫开发中的技术集中、要素聚集、应用示范、辐射带动作用，通过"科技园区＋贫困村＋贫困户"的方式带动贫困人口脱贫。推动高等学校新农村发展研究院在贫困地区建设一批农村科技服务基地。实施科技助力精

云南省勐腊县河边村地处西双版纳热带雨林，是一个长期处于深度贫困中的传统瑶族村寨。自 2015 年起，该村凭借当地的气候资源、景观资源和文化资源优势，大力发展生态旅游业。如今，河边村已发展成为一个集小型会议、高端休闲、自然教育为一体的新业态产业村，村民收入大幅度提升。图为河边村全貌（今）。

河北省保定市阜平县地处燕山—太行山集中连片特困地区，属于国家级贫困县。近年来，阜平县充分发挥当地生态资源优势，大力发展特色农林产业，并建立了立体化电商网络，大力发展电商扶贫。左图为阜平县引进特色养殖项目，对接京东集团和野谷健康产业集团，大力发展富硒鸽产业；右图为阜平县利用电商平台推销当地特色农产品。

宁夏回族自治区银川市扶贫移民搬迁镇闽宁镇发挥本地生态资源优势，大力发展特色养殖业。宁夏壹泰牧业肉牛养殖基地采用"肉牛托管"的形式，承担闽宁镇及周边五村的精准扶贫任务。图为宁夏壹泰牧业肉牛养殖基地。

准扶贫工程，在贫困地区支持建设 1000 个以上农技协联合会（联合体）和 10000 个以上农村专业技术协会。

第四节 重点支持特殊贫困地区发展

革命老区、民族地区、边疆地区、集中连片特困地区的致贫原因复杂、脱贫基础薄弱，是脱贫攻坚的重点和难点，受到党中央特别是习近平总书记的高度重视和格外关心。打好特殊贫困地区的脱贫攻坚战，关键是整体规划，统筹推进，持续加大对集中连片特困地区的扶贫投入力度，切实加强交通、水利、能源等重大基础设施建设，加快解决贫困村通路、通水、通电、通网络等问题，使贫困地区区域发展环境明显改善，"造血"能力显著提升。

第一，实施集中连片特困地区规划。一是统筹推进集中连片特困地区规划实施。组织实施集中连片特困地区区域发展与扶贫攻坚"十三五"省级实施规划，将片区重大基础设施和重点民生工程优先纳入"十三五"相关专项规划和年度计划，集中建设一批区域性重大基础设施和重大民生工程，明显改善片区区域发展环境，提升自我发展能力。

二是完善片区联系协调机制。进一步完善片区联系工作机制，全面落实片区联系单位牵头责任，充分发挥部省联席会议制度功能，切实做好片区区域发展重大事项的沟通、协调、指导工作。强化片区所在省级政府主体责任，组织开展片区内跨行政区域沟通协调，及时解决片区规划实施中存在的问题和困难，推进片区规划各项政策和项目落地。

第二，着力解决区域性整体贫困问题。加大脱贫攻坚力度，支持革命老区开发建设，推进实施赣闽粤原中央苏区、左右江、大别山、陕甘宁、川陕等重点贫困革命老区振兴发展规划，积极支持沂蒙、湘鄂赣、太行、海陆丰等欠发达革命老区加快发展。扩大对革命老区的财政转移支付规模。加快推进民族地区重大基础设施项目和民生工程建设，实施少数民族特困地区和特困群体综合扶贫工程，出台人口较少民族整体脱贫的特殊政策措施。编制边境扶贫专项规划，采取差异化政策，加快推进边境地区基础设施和社会保障设施建设，集中改善边民生产生活条件，扶持发展边境贸易和特色经济，大力推进兴边富民行动，使边民能够安心生产生活、安心守边固边。加大对边境地区的财政转移支付力度，完善边民补贴机制。加大中央投入力度，采取特殊扶持政策，推进西藏、四省藏区和新疆南疆四地州脱贫攻坚。

推进革命老区、少数民族和边疆地区等特殊贫困地区区域合作与对外开放。推动特殊贫困地区深度融入"一带一路"建设、京津冀协同发展、长江经济带发展三大国家战略，与有关国家级新区、自主创新示范区、自由贸易试验区、综合配套改革试验区建立紧密合作关系，打造区域合作和产业承接发展平台，探索发展"飞地经济"，引导发达地区劳动密集型等产业优先向贫困地区转移。支持贫困地区具备条件的地方申请设立海关特殊监管区域，积极承接加工贸易梯度转移。拓展特殊贫困地区招商引资渠道，利用外经贸发展专项资金促进贫困地区外经贸发展，优

第二章 中国脱贫攻坚的主要路径

国务院口岸办将云南省国家级贫困县富宁县田蓬口岸转新升格为国家级开放口岸，大大提升了中越两国的边境地区开放合作水平，为富宁县脱贫致富提供了基础设施保障。

先支持特殊贫困地区项目申报借用国外优惠贷款。鼓励特殊贫困地区培育和发展会展平台，提高知名度和影响力。加快边境贫困地区开发开放，加强内陆沿边地区口岸基础设施建设，开辟跨境多式联运交通走廊，促进边境经济合作区、跨境经济合作区发展，提升边民互市贸易便利化水平。

第三，加强重大基础设施建设。一是构建外通内联交通运输网络。加强革命老区、民族地区、边疆地区、集中连片特困地区对外运输通道建设，推动国家铁路网、国家高速公路网连接贫困地区的重大交通项目建设，提高国道省道技术标准，构建贫困地区外通内联的骨干通道。加快资源丰富和人口相对密集贫困地区开发性铁路建设。完善贫困地区民用机场布局规划，加快支线机场、通用机场建设。在具备水资源开发条件的贫困地区，统筹内河航电枢纽建设和航运发展，提高通航能力。形成布局科学、干支结合、结构合理的区域性综合交通运输网络。在自然条件复杂、灾害多发且人口相对密集的贫困地区，合理布局复合多向、灵活机动的保障性运输通道。依托中国与周边国家互联互通重要通道，推动沿边贫困地区交通基础设施建设。

二是着力提升重大水利设施保障能力。加强重点水源、大中型灌区续建配套节水改造等工程建设，逐步解决特殊贫困地区工程性缺水和资源性缺水问题，着力提升贫困地区供水保障能力。按照"确有需要、生态安全、可以持续"的原则，科学开展水利扶贫项目前期论证，在保护生态的前提下，提高水资源开发利用水平。加大特殊贫困地区控制性枢纽建设、中小河流和江河重要支流治理、抗旱水源建设、山洪灾害防治、病险水库（闸）除险加固、易涝地区治理力度，坚持工程措施与非工程措施相结合，加快灾害防治体系建设。

三是优先布局建设能源工程。积极推动能源开发建设，煤炭、煤电、核电、油气、水电等重大项目，跨区域重大能源输送通道项目，以及风电、光伏等新能源项目，同等条件下优先在特殊贫困地区规划布局。加快特殊贫困地区煤层气（煤矿瓦斯）产业发展。统筹研究特殊贫困地区煤电布局，继续推进跨省重大电网工程和天然气管道建设。加快推进流

第二章 中国脱贫攻坚的主要路径

云南省国家级贫困县富宁县引进河南神火集团 90 万吨绿色水电铝材一体化项目。图为建设中的绿色水电铝材一体化产业示范园。

域龙头水库和金沙江、澜沧江、雅砻江、大渡河、黄河上游等水电基地重大工程建设，努力推动怒江中下游水电基地开发，支持离网缺电贫困地区小水电开发，重点扶持西藏、四省藏区和少数民族贫困地区小水电扶贫开发工作，风电、光伏发电年度规模安排向贫困地区倾斜。

第五节 提升贫困地区群众获得感

提升贫困地区群众获得感是脱贫攻坚的最终目的，是检验脱贫攻坚成效的最高标准。《中国农村扶贫开发纲要（2011—2020 年）》提出，到2020年我国扶贫开发针对扶贫对象的总体目标是："稳定实现扶贫对象不愁吃、不愁穿，保障其义务教育、基本医疗和住房"，简称"两不愁三保障"。2015年11月召开的中央扶贫开发工作会议强调，"十三五"期间脱贫攻坚的目标是：在做好"两不愁三保障"工作的同时，实现贫困地区农民人均可支配收入增长幅度高于全国平均水平、基本公共服务主要领域指标接近全国平均水平。2018年5月31日，中共中央政治局会议指出，"聚焦深度贫困地区和特殊贫困群体，突出问题导向，优化政策供给，下足绣花功夫，着力激发贫困人口内生动力，着力夯实贫困人口稳定脱贫基础，着力加强扶贫领域作风建设，切实提高贫困人口获得感"[1]。

第一，推进教育扶贫，阻断贫困代际传递。一是做好教育脱贫的顶层设计。摸清贫困地区教育人口底数。通过开展建档立卡贫困人口数据库与中小学学籍管理信息系统、学生资助管理系统等教育数据库的对接工作，进一步摸清贫困人口中学龄人口的底数，为开展教育扶贫提供依据。编制教育脱贫攻坚行动计划，系统谋划贫困地区有关教育脱贫的政策措施，加强与本地区经济社会发展规划的衔接。通过编制规划，进一步找准差距，锁定重点，明确措施，细化时间表、路线图。

二是针对不同教育群体分类施策。对学龄前儿童，主要是保障每个人都有机会接受学前三年教育。继续实施学前教育三年行动计划，逐步

---

[1]《中共中央政治局召开会议审议〈乡村振兴战略规划（2018—2022年）〉和〈关于打赢脱贫攻坚战三年行动的指导意见〉》，载《人民日报》，2018年6月1日，第1版。

建成以公办园为主体的农村学前教育服务网络，解决普惠性学前教育资源不足的问题。对义务教育阶段儿童，主要是保障每个人都有机会接受公平有质量的义务教育。适应城镇化进程，进一步优化教育资源布局，全面完成薄弱学校改造，基本实现标准化办学，切实解决好农村留守儿童、随迁子女、残疾儿童等特殊困难群体的教育问题。对高中阶段学生，主要是保障每个人都能接受高中阶段教育。实施普及高中阶段教育攻坚计划，重点解决贫困地区高中阶段教育资源不足问题，使没有升入普通高中的初中毕业生都进入中职学校，掌握一技之长，促进家庭脱贫。对高等教育阶段的群体，主要是继续拓宽纵向流动通道。继续实施贫困地区定向招生计划、中西部地区招生协作计划，进一步扩大东西部职业学校联合招生规模，使贫困家庭学生有更多机会接受高等教育。对学龄后贫困人口，主要是为每个人提供职业培训机会。特别是针对职业农民、进城农民工等群体，加大职业培训力度，提升劳动者职业技能和就业创业能力，帮助他们脱贫致富。

三是加大对乡村教师队伍建设的支持力度。特岗计划、国培计划向贫困地区基层倾斜，为贫困地区乡村学校定向培养留得下、稳得住的一专多能教师，制定符合基层实际的教师招聘引进办法，建立省级统筹乡村教师补充机制，推动城乡教师合理流动和对口支援。全面落实集中连片特困地区乡村教师生活补助政策，建立乡村教师荣誉制度。

第二，实施健康扶贫，推进基本医疗服务均等化。改善贫困地区医疗卫生条件，提升服务能力，缩小区域间卫生资源配置差距，进一步完善基本医疗保障制度，使建档立卡贫困人口大病和慢性病得到及时有效救治，就医费用个人负担大幅减轻，重大传染病和地方病得到有效控制，基本公共卫生服务实现均等化，让贫困地区农村贫困人口"看得起病、看得好病、看得上病、少生病"，保障贫困人口享有基本医疗卫生服务，防止因病致贫、因病返贫。

让贫困人口"看得起病"。在医疗保障方面，建立基本医疗保险、大病保险、医疗救助、疾病应急救助、商业健康保险等制度的衔接机制，发挥协同互补作用，形成保障合力，力争对贫困患者做到应治尽治。

让贫困人口"看得好病"。重点是对农村贫困人口中患有大病和长期慢性病的近2000万人进行有效救治。按照精准到户、到人、到具体病种原则，实施分类救治，让患病的贫困人口得到有效的治疗。同时，注重防治结合，有效提升贫困地区贫困人口的健康水平。

党的十八大以来，上海市三级医院与云南省28个贫困县医院结对，定期派驻医疗工作队赴滇开展巡回医疗、健康帮扶等工作，大幅改善了帮扶地区因病致贫的状况，取得良好的扶贫效果。图为2017年上海市医护人员在云南省普洱市澜沧县人民医院义诊。

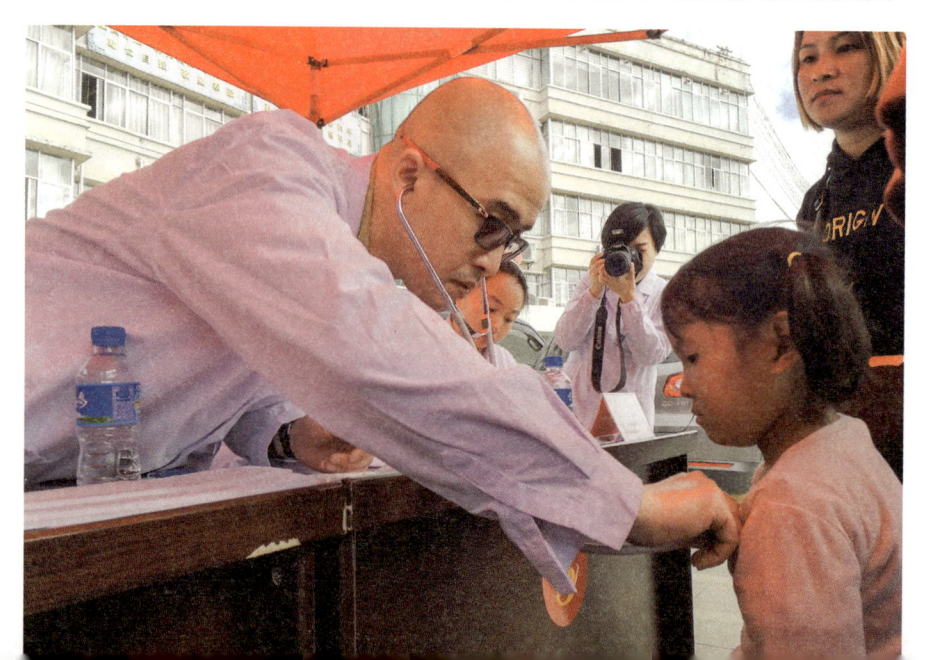

让贫困人口"看得上病"。优化医疗资源布局,实施全国三级医院与贫困县县级医院一对一帮扶,加强贫困地区医疗卫生服务机构标准化建设,强化人才综合培养,有效提升贫困地区医疗卫生服务能力,有效解决边远山区、深山区、石漠化山区等交通闭塞地区就近"看得上病"问题。

让贫困人口"少生病"。深入开展爱国卫生运动。加强卫生城镇创建活动,有效提升贫困地区人居环境质量。持续深入开展整洁行动,统筹治理贫困地区环境卫生问题。加快农村卫生厕所建设进程,做好改厕后续服务和管理。加强农村饮用水和环境卫生监测、调查与评估,为环境污染防治提供依据。实施农村饮水安全巩固提升工程,推进农村垃圾污水治理,综合治理大气污染、地表水环境污染和噪声污染。加强健康促进和健康教育工作,广泛宣传居民健康素养基本知识和技能,引导重点人群改变不良生活习惯,形成健康生活方式,力争让农村贫困人口"少生病"。

第三,社会保障兜底扶贫,解除贫困人口的后顾之忧。统筹社会救助体系,促进扶贫开发与社会保障有效衔接,完善农村低保、特困人员救助供养等社会救助制度,健全农村"三留守"人员(留守儿童、留守老人、留守妇女)和残疾人关爱服务体系,实现社会保障兜底。

一是健全社会救助体系。完善农村最低生活保障制度,完善低保对象认定办法,建立农村低保家庭贫困状况评估指标体系,加大省级统筹工作力度,加强农村低保与扶贫开发及其他脱贫攻坚相关政策的有效衔接,引导有劳动能力的低保对象依靠自身努力脱贫致富。统筹社会救助资源，指导贫困地区健全特困人员救助供养制度，全面实施临时救助制度，积极推进最低生活保障制度与医疗救助、教育救助、住房救助、就业救助等专项救助制度衔接配套，推动专项救助在保障低保对象的基础上向低收入群众适当延伸，逐步形成梯度救助格局，为救助对象提供差别化的救助。

二是逐步提高贫困地区基本养老保障水平。坚持全覆盖、保基本、有弹性、可持续的方针，统筹推进城乡养老保障体系建设，指导贫困地区全面建成制度名称、政策标准、管理服务、信息系统"四统一"的城乡居民养老保险制度。探索建立适应农村老龄化形势的养老服务模式。

三是健全"三留守"人员和残疾人关爱服务体系。组织开展农村留守儿童、留守老人、留守妇女摸底排查工作。推动各地通过政府购买服务、政府购买基层公共管理和社会服务岗位、引入社会工作专业人才和志愿者等方式，为"三留守"人员提供关爱服务。加强留守儿童关爱服务设施和队伍建设，建立留守儿童救助保护机制和关爱服务网络。加强未成年人社会保护和权益保护工作。制定留守老年人关爱服务政策措施，推进农村社区日间照料中心建设，提升农村特困人员供养服务机构托底保障能力和服务水平。支持各地农村幸福院等社区养老服务设施建设和运营，开展留守老年人关爱行动。进一步加强对贫困地区留守妇女技能培训和居家灵活就业创业的扶持，切实维护留守妇女权益。将残疾人普遍纳入社会保障体系予以保障和扶持。支持发展残疾人康复、托养、特殊教育服务，实施残疾人重点康复项目，落实困难残疾人生活补贴和重度残疾人护理补贴制度。加强贫困残疾人实用技术培训，优先扶持贫困残疾人家庭发展生产，支持引导残疾人就业创业。

第四，改善生产生活条件，提高贫困地区自我发展能力。一是着力改善生产条件。推进贫困村农田水利、土地整治、中低产田改造和高标准农田建设。抓好以贫困村为重点的田间配套工程、水利工程和高效节水灌溉工程建设，提升抗旱水源保障能力。结合产业发展，建设改造一批资源路、旅游路、产业园区路，新建改造一批生产便道，推进"交通+特色产业"扶贫。大力整治农村河道堰塘。实施贫困村通动力电规划，保障生产用电。加大以工代赈投入力度，着力解决农村生产设施"最后一公里"问题。

二是加强贫困村信息和物流设施建设。实施"宽带乡村"示范工程，推动公路沿线、集镇、行政村、旅游景区网络基本覆盖。鼓励基础电信企业针对贫困地区出台更优惠的资费方案。加强贫困村邮政基础设施建设，实现村村直接通邮。加快推进"快递下乡"工程，完善农村快递揽收配送网点建设。支持快递企业加强与农业、供销、商贸企业的合作，推动在基础条件相对较好的地区率先建立县、乡、村消费品和农资配送网络体系，打造"工业品下乡"和"农产品进城"双向流通渠道。

三是加强贫困村人居环境整治。在贫困村开展饮用水源保护、生活污水和垃圾处理、畜禽养殖污染治理、农村面源污染治理、乱埋乱葬治理等人居环境整治工作，保障处理设施运行经费，稳步提升贫困村人居环境水平。

四是健全贫困村社区服务体系。加强贫困村基层公共服务设施建设，整合利用现有设施和场地，拓展学前教育、妇女互助和养老服务、殡葬服务功能,努力实现农村社区公共服务供给多元化。依托"互联网+"拓展综合信息服务功能,逐步构建线上线下相结合的农村社区服务新模式。统筹城乡社区服务体系规划建设,积极培育农村社区社会组织,发展社区社会工作服务。

五是加强公共文化服务体系建设。按照公共文化建设标准,对贫困县未达标公共文化设施提档升级、填平补齐。加强面向"三农"的优秀出版物和广播影视节目生产,启动实施流动文化车工程,实施贫困地区县级广播电视播出机构制播能力建设工程,推进重大文化惠民工程融合发展,提高公共数字文化供给和服务能力。

第三章

中国脱贫攻坚
重在精准

谁是真正的贫困户？贫困原因是什么？怎么针对性帮扶？帮扶效果又怎样？脱贫之后如何退出？长期以来，这一系列问题制约着中国扶贫开发工作的深入开展，使得一些真正的贫困人口没有得到帮扶。其主要原因在于扶贫对象的精准性、因贫施策的科学性不够。脱贫攻坚，精准是要义。要想做到精准，必须进行体制机制创新，健全精准扶贫工作机制，真正解决好扶持谁、谁来扶、怎么扶、如何退等问题。

第一节 解决好"扶持谁"的问题

精确识别贫困人口，搞清贫困程度，找准致贫原因，是精准扶贫的第一步。在此基础上准确掌握贫困人口规模、分布情况、居住条件、就业渠道、收入来源等，方可精准施策、精准管理。

精确识别是精准扶贫的重要前提。扶贫工作要到村到户，首先要了解哪一村贫、哪一户穷，摸清底数、建档立卡，这是精准扶贫的"第一战役"。贵州省威宁县迤那镇在实践中总结出了精确识别"四看法"：一看房、二看粮、三看劳动力强不强、四看家中有没有读书郎。看房，就是通过看农户的居住条件和生活环境，估算其贫困程度；看粮，就是通过看农户的土地情况和生产条件，估算其农业收入和食品支出；看劳动力强不强，就是通过看农户的劳动力状况和有无病残人口，估算其务工收入和医疗支出；看家中有没有读书郎，就是通过看农户受教育程度和在校生现状等，估算其发展潜力和教育支出。"四看法"实际效果好，在实践中管用，是一个创造，可以在实践中不断完善。在摸清扶贫对象的基础上，要通过建档立卡，对扶贫对象实行规范化管理，做到心中有数，一目了然。[1]

---

[1] 中共中央党史和文献研究院：《习近平扶贫论述摘编》，北京：中央文献出版社，2018年6月，第58页。

党的十八大召开前，中国的扶贫开发对象没有进行建档立卡，只能通过抽样调查推算各省贫困人口总量，各类帮扶措施无法做到到村到户到人。2014年，在全国范围内逐村逐户开展贫困识别，对识别出的12.8万个贫困村、2948万贫困户、8962万贫困人口建档立卡，基本摸清了中国贫困人口分布、致贫原因、脱贫需求等信息，建立起了全国统一的扶贫开发信息系统。建档立卡后，对建档立卡贫困户进行动态监测管理。按照脱贫出、返贫进的原则，以年度为节点，以脱贫目标为依据，逐村逐户建立贫困帮扶档案，及时进行数据更新，做到有进有出、逐年更新、分级管理、动态监测。经过2015年、2016年的"回头看"和2017年、2018年的动态调整，建档立卡贫困识别准确率逐步提升。建档立卡与动态监测管理为中央制定精准扶贫政策措施、实行最严格考核评估制度和保证脱贫质量打下了坚实基础。

各地区在精确识别、建档立卡过程中也有很多好的做法。例如，河北省阜平县推行的"一主四辅、三类五步"工作法，取得较好效果。他们的做法是，在识别标准上采用人均可支配收入为主，住房、教育、医疗、社保为辅的"一主四辅"法，按百分制对每项设立不同权重的分值和详细的评分标准以及评分方法。在农户分类上，将识别对象分为贫困户、基本脱贫户、非贫困户"三个类别"，在识别程序上分信息采集、综合评估、逐级审核、民主评议、公开公示"五个步骤"。

再如，河南省兰考县坚持"应进则进，应出尽出，应纠则纠"原则，逐村、逐户、逐人"过筛子"，同步建立"一户一档"。采取"一进二看三算四比五议六定"六步工作法（干部进户、实地查看、计算收入、相互对比、公示评议、两级核定），核准贫困户底数和详细信息。同时，多次对建档立卡贫困户各类信息进行暗访式、网格式、地毯式检查，确保了对扶贫对象的精确识别。对于确定建档立卡的贫困户，采取大红榜公布的方式，让全村人集体评议、集体监督，保证名单人人信服，群众对后期帮扶政策就不会产生太大争议。确定为贫困户的分为十人一组，定期互相走访、评议，利用乡村熟人社会的特征，激发贫困户脱贫的积极性。

第二节 解决好"谁来扶"的问题

推进脱贫攻坚，关键是责任落实到人。为解决好"谁来扶"的问题，中国共产党加强对脱贫攻坚的全面领导，构建扶贫开发责任机制和工作机制。习近平总书记在2015年中央扶贫开发工作会议上强调指出，越是进行脱贫攻坚战，越是要加强和改善党的领导。各级党委和政府必须坚定信心、勇于担当，把脱贫职责扛在肩上，把脱贫任务抓在手上。各级领导干部要保持顽强的工作作风和拼劲，满腔热情做好脱贫攻坚工作。脱贫攻坚任务重的地区党委和政府要把脱贫攻坚作为"十三五"期间头等大事和第一民生工程来抓，坚持以脱贫攻坚统揽经济社会发展全局。要层层签订脱贫攻坚责任书、立下军令状。要建立年度脱贫攻坚报告和督察制度，加强督察问责。要把脱贫攻坚实绩作为选拔任用干部的重要依据,在脱贫攻坚第一线考察识别干部,激励各级干部到脱贫攻坚战场上大显身手。要把夯实农村基层党组织同脱贫攻坚有机结合起来,选好一把手、配强领导班子。[1]

第一,从中央到地方,将脱贫攻坚的责任落到实处,形成中央统筹,省(自治区、直辖市)负总责,市(地)县抓落实的扶贫开发工作机制,做到分工明确、责任清晰、任务到人、考核到位,既各司其职、各尽其责,又协调运转、协同发力。党的十八大以来,中西部地区22个省(自治区、直辖市)党政主要负责同志向中央签署脱贫攻坚责任书,立下军令状,省市县乡村五级书记一起抓,层层落实脱贫攻坚责任。贫困县政府承担脱贫攻坚主体责任,党政一把手攻坚期内保持稳定。

2018年6月,习近平总书记对脱贫攻坚工作作出重要指示,再次强调,打赢脱贫攻坚战,对全面建成小康社会、实现"两个一百年"奋斗目标具有十分重要的意义。要求各级党委和政府要把打赢脱贫攻坚战作为重大政治任务,强化中央统筹、省负总责、市县抓落实的管理体制,强化党政一把手负总责的领导责任制,明确责任、尽锐出战、狠抓实效。要坚持党中央确定的脱贫攻坚目标和扶贫标准,贯彻精准扶贫精准脱贫基本方略,既不急躁蛮干,也不消极拖延,既不降低标准,也不吊高胃口,确保焦点不散、靶心不变。要聚焦深度贫困地区和特殊贫困群体,确保不漏一村不落一人。要深化东西部扶贫协作和党政机关定点扶贫,调动社会各界参与脱贫攻坚积极性,实现政府、市场、社会互动和行业

---

[1] 习近平:《脱贫攻坚战冲锋号已经吹响 全党全国咬定目标苦干实干》,载《人民日报》,2015年11月29日,第1版。

扶贫、专项扶贫、社会扶贫联动。[1]

第二，在选派贫困村共产党基层组织（村党支部）第一书记上下功夫，确保"因村派人精准"。"农村富不富，关键在支部。"选派优秀干部到贫困村担任第一书记，夯实农村基层基础，对改变农村贫困面貌、带领贫困人口脱贫致富，至关重要。第一书记人选从哪里来？近年来中国各地的实践证明，优秀大学生村官、创业致富能手、复退军人、返乡农民工或各级机关优秀年轻干部、后备干部和国有企事业单位优秀人员等都是第一书记的备选者。例如，河南省兰考县有115个贫困村，2014年县委、县政府抽调345名优秀干部入驻贫困村，每个贫困村派驻3位干部担任驻村队员和第一书记，组成驻村工作队。县委、县政府对这些驻村工作队员开展多轮次业务培训，通过选树标兵、分区域排查、逐一"过筛子"考试，确保扶贫政策落实到位；同时强化对工作队政策、资金、生活保障，解除后顾之忧，确保驻村工作队员"住得下、干得好、可带富"。2017年2月，兰考县在全国率先脱贫摘帽，驻村队员和第一书记功不可没。同时，大力培育农村致富带头人。通过对贫困地区的种养业能手、农村经纪人、专业技术人才、知识型人才给予项目、技术、信息、资金等方面的扶持，精准培育一大批农村发展的"能人"，发挥"领头羊"作用，带动贫困户脱贫致富。

第三，广泛动员社会力量投入扶贫济困工作。在"2015减贫与发展高层论坛"上，习近平总书记指出："我们坚持动员全社会参与，发

---

[1] 习近平：《真抓实干埋头苦干万众一心　夺取脱贫攻坚战全面胜利》，载《人民日报》，2018年6月12日，第1版。

挥中国制度优势，构建了政府、社会、市场协同推进的大扶贫格局，形成了跨地区、跨部门、跨单位、全社会共同参与的多元主体的社会扶贫体系。"[1] 2015年6月18日，习近平总书记在"部分省区市扶贫攻坚与'十三五'时期经济社会发展座谈会"上指出，扶贫开发是全党全社会的共同责任，要动员和凝聚全社会力量广泛参与。要坚持专项扶贫、行业扶贫、社会扶贫等多方力量、多种举措有机结合和互为支撑的大扶贫格局，强化举措，扩大成果。要健全东西部协作、党政机关定点扶贫机制，各部门要积极完成所承担的定点扶贫任务，东部地区要加大对西部地区的帮扶力度，国有企业要承担更多扶贫开发任务。要广泛调动社会各界参与扶贫开发积极性，鼓励、支持、帮助各类非公有制企业、社会组织、个人自愿采取包干方式参与扶贫。[2]

经过几年的努力，目前，专项扶贫、行业扶贫、社会扶贫等多方力量互为支撑，形成了全新的扶贫格局。

---

[1]《2015减贫与发展论坛今日举行 习近平发表主旨演讲》，人民网，2015年10月16日，http://politics.people.com.cn/n/2015/1016/c1001-27706189.html。

[2] 中共中央党史和文献研究院：《习近平扶贫论述摘编》，北京：中央文献出版社，2018年6月，第99-100页。

第三章 中国脱贫攻坚重在精准

国家机关事务管理局（简称"国管局"）从 1993 年开始定点帮扶河北省保定市阜平县。左图为国管局领导到阜平县看望慰问困难群众；右图为国管局领导到阜平县职教中心调研。

最高人民检察院（简称"最高检"）自 1995 年以来与云南省文山壮族苗族自治州西畴县结下定点扶贫关系。左图为最高检领导看望西畴县汤谷小学学生；右图为最高检为西畴县瓦厂幸福新村捐赠煤气灶。

山西省大同市灵丘县韩家房村和边台村第一书记高珊珊敢想敢做、不怕苦不怕累，带领两村如期实现脱贫。上图为高珊珊与村民同吃同住同劳动；下图为高珊珊与村民讨论村集体产业发展。

第三章　中国脱贫攻坚重在精准

青岛昌盛日电太阳能科技股份有限公司的"光伏＋农业＋扶贫"模式在扶贫的社会力量中脱颖而出。昌盛日电自2014年开始在闽宁镇实施大棚分红脱贫工程。上图为务工人员在闽宁镇原隆村昌盛光伏科技大棚中工作；下图为闽宁镇举行2016年度脱贫分红仪式。

第三节 解决好"怎么扶"的问题

精准扶贫怎么扶？中国共产党提出坚持实事求是原则，具体问题具体分析，运用科学有效手段精确识别扶贫对象，精准分析贫困地区环境和贫困人口具体情况，因地因人施策，因贫困原因施策，因贫困类型施策，通过实施好"五个一批"工程，即发展生产脱贫一批、易地搬迁脱贫一批、生态补偿脱贫一批、发展教育脱贫一批、社会保障兜底一批，达到扶贫、脱贫目的。实施"五个一批"工程是精准扶贫的基本途径，有效解决了"怎么扶"的问题。

2017年6月，在山西召开的深度贫困地区脱贫攻坚座谈会上，习近平总书记再次强调，只要我们集中力量，找对路子，对居住在自然条件特别恶劣地区的群众加大易地扶贫搬迁力度，对生态环境脆弱的禁止开发区和限制开发区群众增加护林员等公益岗位，对因病致贫群众加大医疗救助、临时救助、慈善救助等帮扶力度，对无法依靠产业扶持和就业帮助脱贫的家庭实行政策性保障兜底，就完全有能力啃下这些硬骨头。[1]

第一，发展生产脱贫一批。对贫困人口中有劳动能力、有耕地或其

---

[1] 习近平：《在深度贫困地区脱贫攻坚座谈会上的讲话》，载《人民日报》2017年9月1日，第2版。

他资源，但缺少资金来源、缺少产业支撑、缺少专业技能的，立足当地资源，因地制宜，实现就地脱贫。针对这类贫困地区和贫困人口，把脱贫攻坚重点放在改善生产生活条件上，着重加强基础设施和技术培训、教育医疗等公共服务建设，特别是着力解决好基础工程项目入村入户的"最后一公里"问题。支持贫困地区农民在本地或外地务工、创业。引导和支持所有有劳动能力的人依靠自己的双手开创美好明天。

农村贫困人口如期脱贫，离不开农业稳定发展和农民收入的持续增长。农业生产稳定发展，劳动生产率稳步提升，农民增收渠道不断拓宽，农业人口转移力度加大，农民的经营性收入、工资性收入和财产性收入日益提高，是推进扶贫开发从"输血"到"造血"，实现精准脱贫的根基。精准安排扶贫项目和建立产业扶贫的带动机制尤为重要。

一是因地制宜发展特色产业。根据各地的区位条件、资源优势和产业基础，选择适合当地发展的特色产业。把扶贫项目与贫困乡镇、贫困村的实际和贫困群众意愿结合起来，把"造血式"扶贫与"输血式"救济结合起来，把近期脱贫与长远致富结合起来，提高群众的积极性和项目的针对性，充分发挥好扶贫项目和资金的带动引领作用。根据市场情况，把贫困户吸入产业，实施短期、中期、长期项目配套措施，以短养长，长短结合，使近期脱贫与长远致富一脉相承。首先，因地制宜制定产业扶持发展规划。坚持宜农则农、宜游则游、宜商则商，大力发展特色优势产业，培育主导产品，提高特色产业开发效益。其次，促进扶持政策落实到户。对有劳动能力和劳动意愿的扶贫对象，申报实施产业扶贫项目的农业产业化组织因地制宜，因户施策，采取以奖代补，提供种苗以及信息、技术、服务等方式,有针对性地引导和帮助贫困户发展产业。同时,产业扶贫专项资金,主要用于扶持贫困户能直接参与、直接受益、稳定增收的种植、养殖、农产品加工、服务项目和其他产业项目,加大对贫困村产业基地的基础设施建设投入,发挥产业基地对贫困户的辐射带动作用。

二是构建产业发展带动机制。对建档立卡贫困户统筹安排使用资金,建立产业发展带动机制,奠定牢固的产业发展基础和稳定的脱贫机制保障。重点扶持符合相关条件的农民专业合作社、村集体经济组织、扶贫企业发展扶贫产业,带动贫困户创收增收。积极引导承包土地向专业种养大户、家庭农场、农民合作社、农业龙头企业流转,增加贫困户财产性收入。推行"公司+合作社(基地)+贫困户"等模式,提高贫困户的组织化水平,让贫困户从产业发展中获得更多利益。对扶贫工作成绩突出的龙头企业、合作社和农村集体经济组织给予扶贫资金项目扶持。

第二,易地搬迁脱贫一批。对生存条件恶劣、自然灾害频发的地方,通水、通路、通电等成本很高,贫困人口很难实现就地脱贫,要在坚持群众自愿的前提下,实施易地搬迁。一是通过整合相关项目资源、提高补助标准、用好城乡建设用地增减挂钩政策、发放贴息贷款等方式,拓宽资金来源渠道,解决好扶贫移民搬迁所需资金问题。二是做好规划,合理确定搬迁规模,区分轻重缓急,明确搬迁目标任务和建设时序,按规划、分年度、有计划组织实施。三是根据当地资源条件和环境承载能力,科学确定安置点,尽量搬迁到县城和交通便利的乡镇级中心村,促进就近就地转移。四是想方设法为搬迁人口创造就业机会，保障他们有稳定收入，同当地群众享受同等的基本公共服务，确保搬得出、稳得住、能致富。

第三，生态补偿脱贫一批。对生存条件差、但生态系统重要、需要保护修复的地区，结合生态环境保护和治理，通过建立生态补偿机制，帮助贫困地区和贫困人口脱贫。一是加大生态保护修复力度，增加重点生态功能区转移支付，扩大政策实施范围。结合国家生态保护区管理体制改革，可以让有劳动能力的贫困人口就地转成护林员等生态保护人员，用生态补偿和生态保护工程资金的一部分作为其劳动报酬。二是加大贫困地区新一轮退耕还林还草范围，合理调整基本农田保有指标。

第四，发展教育脱贫一批。"授人以鱼，不如授人以渔。"治贫先治愚，扶贫先扶智，让贫困地区的孩子们接受良好教育，是扶贫开发的重要任务，也是阻断贫困代际传递的治本之策。为此，中国政府将国家教育经费向贫困地区倾斜、向基础教育倾斜、向职业教育倾斜。一是重点做好职业教育培训，使贫困家庭的子女通过接受职业教育掌握一技之长，促进劳动力就业创业。就业是民生之本，也是脱贫之要。唯有教育培训可以提升就业能力。二是帮助贫困地区改善办学条件，推进农村中小学校标准化和寄宿制学校建设，加强贫困地区教师队伍建设。为贫困地区乡村学校定向培养一专多能教师，制定符合基层实际的教师招聘引进办法，建立省级统筹乡村教师补充机制，推动城乡教师合理流动和对口支援。全面落实集中连片特困地区乡村教师生活补助政策。三是探索率先从建档立卡的贫困家庭学生开始实施普通高中教育免学杂费，落实中等职业教育免学杂费政策。加大对贫困学生的资助力度，完善资助方式。四是对农村贫困家庭幼儿特别是留守儿童给予特殊关爱，探索建立贫困地区学前儿童教育公共服务体系。

第五，社会保障兜底一批。对贫困人口中完全或部分丧失劳动能力的人，由社会保障来兜底。聚焦特殊贫困人口精准发力，加快织密筑牢民生保障安全网，把没有劳动能力的老弱病残等特殊贫困人口的基本生

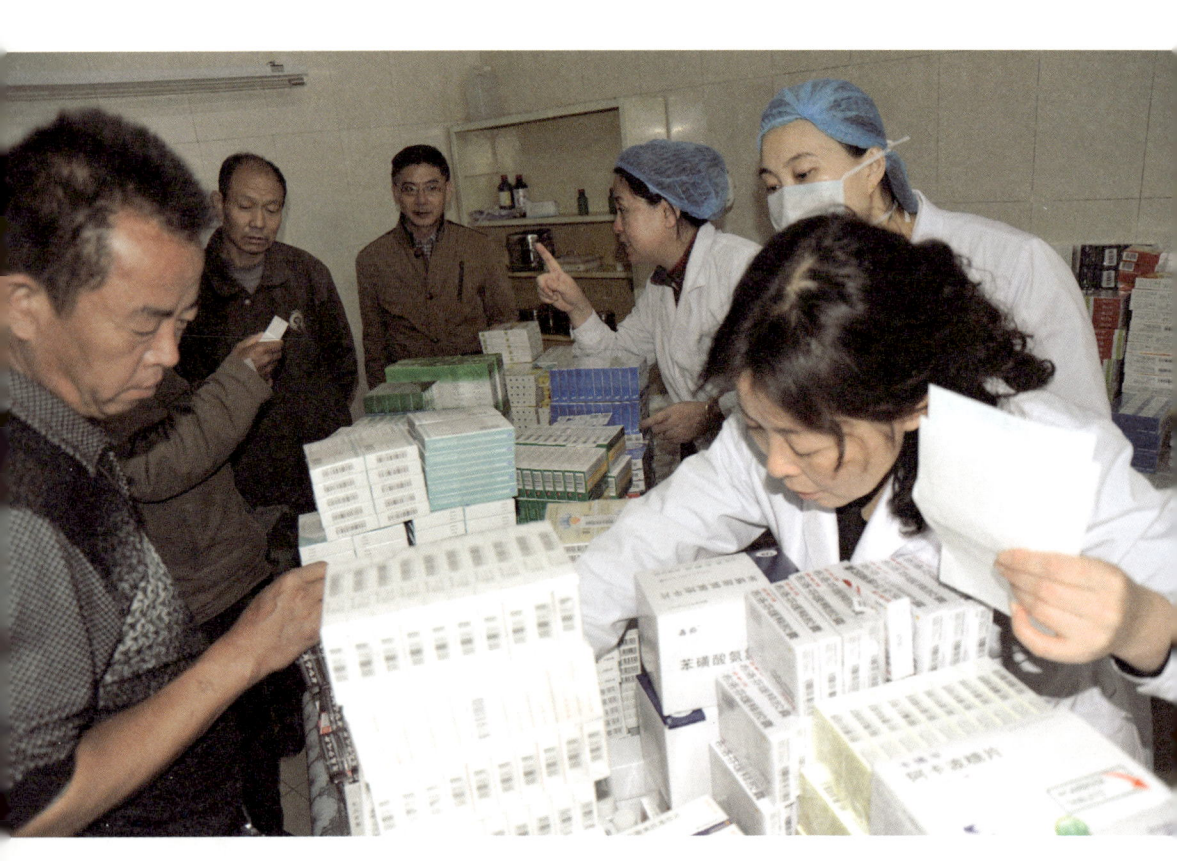

国家机关事务管理局落实健康扶贫工程，在河北省国家级贫困县阜平县协调组织开展送医送药活动。

活兜起来，强化保障性扶贫。[1]统筹协调农村扶贫标准和农村低保标准，按照国家扶贫标准综合确定各地农村低保的最低指导标准，将低保标准低的地区逐步提高到国家扶贫标准，实现"两线合一"。此外，进一步加大其他形式的社会救助力度，加强农村最低生活保障和城乡居民养老保险、五保供养等社会救助制度的统筹衔接。与此同时，大力加强医疗保险和医疗救助。建立健全医疗保险和医疗救助制度，对因病致贫或因病返贫的群众给予及时有效的救助。新型农村合作医疗、大病保险政策、门诊统筹和财政补贴等向贫困人口倾斜。加大医疗救助、临时救助、慈善救助等帮扶力度，使重特大疾病救助覆盖全部贫困人口。实施健康扶贫工程，加强贫困地区传染病、地方病、慢性病防治工作，全面实施贫困地区重大公共卫生项目，保障贫困人口享有基本医疗卫生服务。

"五个一批"工程是中国共产党在实际工作中不断探索得出的精准扶贫的基本途径，由此形成关于精准扶贫的方法论，对于贫困地区、贫困户因地制宜、因人制宜进行精准施策，实现精准脱贫具有重要指导意义。

第四节 解决好"如何退"的问题

精准扶贫，目的在于精准脱贫。已脱贫的农户精准有序退出也是非

---

[1] 中共中央党史和文献研究院：《习近平扶贫论述摘编》，北京：中央文献出版社，2018年6月，第82页。

常重要的环节。既不能使尚未脱贫的人退出，也不能让已稳定脱贫的人继续"戴帽"。建立贫困户脱贫和贫困县摘帽评估机制，明确退出标准、程序、核查办法和后续扶持政策，是解决好"如何退"问题的关键。对贫困县摘帽、贫困人口退出组织第三方评估，重点了解贫困人口识别和退出准确率、群众满意度等，确保脱贫结果真实。

一是设定时间表，实现有序退出。将贫困县摘帽和全面建成小康社会进程对表，早建机制、早做规划，每年退出多少做到心中有数。既防止拖延病，又防止急躁症。

二是留出缓冲期，在一定时间内实行摘帽不摘政策。贫困县的帽子不好看，但很多地方却舍不得摘，主要是这顶帽子有相当高的含金量，担心摘帽后真金白银没了。这样的担心有其合理成分。客观上讲，贫困县摘帽后培育和巩固自我发展能力需要有个过程。这就需要扶上马、送一程，保证贫困县摘帽后各方面扶持政策能够继续执行一段时间，行业规划、年度计划要继续倾斜，专项扶贫资金项目和对口帮扶等也要继续保留。不仅如此，对提前摘帽的贫困县，还可以给予奖励，以形成正向激励，保证苦干实干先摘帽的不吃亏。

三是实行严格评估，按照摘帽标准验收。鼓励贫困县摘帽，但不能弄虚作假、蒙混过关，或者降低扶贫标准、为摘帽而摘帽。严格脱贫验收办法，明确摘帽标准和程序，确保摘帽结果经得起检验。加强对脱贫工作绩效的社会监督，可以让当地群众自己来评价，也可以建立第三方评估机制，以增强脱贫工作绩效的可信度。对玩数字游戏、搞"数字扶贫"的，一经查实，严肃追责。

四是实行逐户销号，做到脱贫到人。对建档立卡的贫困户实行动态管理，脱贫了逐户销号，返贫了重新录入，做到政策到户、脱贫到人、有进有出，保证各级减贫任务和建档立卡数据对得上、扶贫政策及时调整、扶贫力量进一步聚焦。部署脱贫任务不能不顾贫困分布现状，采取层层分解的简单做法。这种做法是自欺欺人，必然会使一些贫困户"被脱贫"。脱没脱贫，要同群众一起算账，要群众认账。对贫困户的帮扶措施，即使销号了也可以再保留一段时间，做到不稳定脱贫就不彻底脱钩。[1]

2018年2月12日，在四川省成都市召开了"打好精准脱贫攻坚战座谈会"，集中研究打好未来三年脱贫攻坚战之策。习近平总书记听取脱贫攻坚进展情况汇报后强调指出，打好脱贫攻坚战，成败在于精准。建档立卡要继续完善，重点是加强数据共享和数据分析，为宏观决策和工作指导提供支撑。精准施策要深入推进，按照因地制宜、因村因户因人施策的要求，扎实做好产业扶贫、易地扶贫搬迁、就业扶贫、危房改造、教育扶贫、健康扶贫、生态扶贫等精准扶贫重点工作。这里特别要强调产业扶贫和易地扶贫搬迁。产业增收是脱贫攻坚的主要途径和长久之策，现在贫困群众吃穿不愁，农业产业要注重长期培育和发展，防止急功近利。易地扶贫搬迁，国家投入的资金最多。目前，要重点防止为整体搬迁而搬迁，把不该搬的一般农户搬了，而应该搬的贫困户却没有搬。今后，要先把建档立卡贫困人口中需要搬迁的应搬尽搬，同步搬迁

---

[1] 中共中央党史和文献研究院：《习近平扶贫论述摘编》，北京：中央文献出版社，2018年6月，第44-45页。

的逐步实施。对目前不具备搬迁安置条件的贫困人口,要先解决他们"两不愁三保障"问题,今后可结合实施乡村振兴战略,压茬推进,通过实施生态搬迁和有助于稳定脱贫、逐步致富的其他搬迁,继续稳步推进。[1]

---

[1] 中共中央党史和文献研究院:《习近平扶贫论述摘编》,北京:中央文献出版社,2018年6月,第83-84页。

第四章

中国脱贫攻坚的"五点经验"

中国在脱贫攻坚的伟大实践中，不仅取得了显著成绩，而且还积累了丰富经验。习近平总书记在中共中央政治局第三十九次集体学习时指出："在实践中，我们形成了不少有益经验，概括起来主要是加强领导是根本、把握精准是要义、增加投入是保障、各方参与是合力、群众参与是基础。这些经验弥足珍贵，要长期坚持。"[1] 这些经验实质上就是一整套经过实践检验的减贫治理体系，为全球更有效地进行减贫治理提供了中国方案。

---

　　[1] 习近平：《更好推进精准扶贫精准脱贫　确保如期实现脱贫攻坚目标》，载《人民日报》，2017年2月23日，第1版。

第四章　中国脱贫攻坚的"五点经验"

第一节　加强领导是根本

党的领导保证了脱贫攻坚的正确方向。加强中国共产党的领导，是中国打赢脱贫攻坚战的坚强政治保障和根本保障。中国扶贫开发的根本经验是发挥中国特色社会主义制度的优势，集中力量办好扶贫开发的大事。习近平总书记指出："脱贫攻坚任务重的地区党委和政府要把脱贫攻坚作为'十三五'期间头等大事和第一民生工程来抓，坚持以脱贫攻坚统揽经济社会发展全局。"[1]

第一，党的领导保证了脱贫攻坚的正确方向。中央明确了"中央统筹，省（自治区、直辖市）负总责，市（地）县抓落实"的脱贫攻坚工作机制。按照这一机制，党中央、国务院主要负责统筹制定扶贫开发大政方针，出台重大政策举措，规划重大工程项目。中央出台了《关于打赢脱贫攻坚战的决定》（简称《决定》），并在"十三五"规划中做出了相关重大安排。2016年以来，中央办公厅、国务院办公厅先后发布一系列关于《决定》的配套文件。中央国家机关有关部门出台100多个政策文件或实施方案，包括产业扶贫、易地扶贫搬迁、劳务输出扶贫、交通扶贫、水利扶贫、科技扶贫、教育扶贫、健康扶贫、金融扶贫、土地

---

[1] 中共中央党史和文献研究院：《习近平扶贫论述摘编》，北京：中央文献出版社，2018年6月，第46页。

增减挂钩、水电矿产资源开发资产收益扶贫、农村低保与扶贫开发两项制度衔接等,对扶贫工作中的很多"老大难"问题都拿出了有针对性的措施,这些都为脱贫攻坚明确了方向。

根据脱贫攻坚工作机制,省(自治区、直辖市)党委和政府对扶贫开发工作负总责,抓好目标确定、项目下达、资金投放、组织动员、监督考核等工作。市(地)党委和政府负责做好上下衔接、域内协调、督促检查工作,把精力集中在贫困县如期摘帽上。县级党委和政府承担主体责任,书记和县长是第一责任人,负责做好进度安排、项目落地、资金使用、人力调配、推进实施等工作。层层签订脱贫攻坚责任书,扶贫开发任务重的省(自治区、直辖市)党政主要领导向中央签署脱贫责任书,每年向中央作扶贫脱贫进展情况的报告。省(自治区、直辖市)党委和政府向市(地)、县(市、区)、乡镇提出要求,层层落实责任制。

第二,基层党组织发挥了战斗堡垒作用。加强贫困乡镇领导班子建设,有针对性地选配政治素质高、工作能力强、熟悉"三农"工作的干部担任贫困乡镇党政主要领导。抓好以村党组织为领导核心的村级组织配套建设,集中整顿软弱涣散村党组织,提高贫困村党组织的创造力、凝聚力、战斗力,发挥好工会、共青团、妇联等群团组织的作用。选好配强村级领导班子,突出抓好村党组织带头人队伍建设,充分发挥党员先锋模范作用。完善村级组织运转经费保障机制,将村干部报酬、村办公经费和其他必要支出作为保障重点。根据贫困村的实际需求,精准选配第一书记,精准选派驻村工作队,提高县以上机关派出干部比例。加大驻村干部考核力度,不稳定脱贫不撤队伍。

第四章　中国脱贫攻坚的"五点经验"

第三，严格考核确保扶贫工作质量。建立和完善中央对省（自治区、直辖市）党委和政府扶贫开发工作成效考核办法。建立年度扶贫开发工作逐级督查制度，选择重点部门、重点地区进行联合督查，对落实不力的部门和地区，国务院扶贫开发领导小组要向党中央、国务院报告并提出责任追究建议，对未完成年度减贫任务的省份要对党政主要领导进行约谈。各省（自治区、直辖市）党委和政府出台对贫困县扶贫绩效考核办法，大幅度提高减贫指标在贫困县经济社会发展实绩考核指标中的权重，建立扶贫工作责任清单。落实对限制开发区域和生态脆弱的贫困县取消地区生产总值考核的要求。建立重大涉贫事件的处置、反馈机制，在处置典型事件中发现问题，不断提高扶贫工作水平。加强农村贫困统计监测体系建设，提高监测能力和数据质量，实现数据共享。

第二节　把握精准是要义

脱贫攻坚要取得实实在在的效果，必须着力解决底数不清、情况不明、目标不准、措施不对路等问题，量身定做、对症下药，做到扶真贫、真扶贫、真脱贫。把握精准，就必须"对症下药，药到病除"。习近平总书记提出，"我们注重抓六个精准，即扶持对象精准、项目安排精准、资金使用精准、措施到户精准、因村派人精准、脱贫成效精准，确保各项政策好处落到扶贫对象身上。"[1]

第一，精确识别扶贫对象。精确识别贫困人口，搞清贫困程度，找准致贫原因，是精准扶贫的第一步。在此基础上准确掌握贫困人口规模、分布情况、居住条件、就业渠道、收入来源等，方可精准施策、精准管理。做好精确识别工作：一是核准底数。按照国家制定的统一的扶贫对象识别办法，在摸清底数的基础上，根据致贫原因和发展需求，科学划分贫困户类型。完善规模控制、精确识别、动态管理机制，采取按收入倒排、公示公告的方式，逐村逐户开展摸底排查和精确复核，以收入为依据，设置排除指标，对上一年建档扶贫对象进行再次摸底识别，并纳入扶贫信息网络管理系统。严格审核各村上报的帮扶名单，确保建档立卡户是真贫困，确保做到扶真贫。二是做好建档立卡。充分发扬基层民主，发动群众参与。开展到村到户的贫困状况调查和建档立卡工作，通过群众评议、入户调查、公示公告、抽查检验、信息录入等举措，透明公开，把识别权交给基层群众，让群众按他们自己的"标准"识别谁是穷人，以保证贫困户认定的透明公开、相对公平。做到民主评议和集中决策相结合，公开、公平、公正合理确定扶贫对象，确保真正的扶贫对象进入帮扶范围。三是分析致贫原因。在找准贫困对象的基础上，还要进一步找准致贫原因。致贫原因主要包括：因基础设施落后致贫、因生存环境制约和自然灾害致贫、因上学致贫、因地方病和突发重病致贫、孤寡老人或因残疾失去劳动能力致贫等。四是动态监测管理。按照脱贫

---

[1] 中共中央党史和文献研究院：《习近平扶贫论述摘编》，北京：中央文献出版社，2018年6月，第158页。

出、返贫进的原则，以年度为节点，以脱贫目标为依据，逐村逐户建立贫困帮扶档案，及时进行数据更新，做到有进有出、逐年更新、分级管理、动态监测。

第二，精准安排扶贫项目。在精确识别的基础上，要做到精准施策、分类施策，即因人因地施策、因贫困原因施策、因贫困类型施策。精准安排扶贫项目和建立产业扶贫的带动机制尤为重要。一是因地制宜发展特色产业。根据各地的区位条件、资源优势和产业基础，选择适合当地发展的特色产业。把扶贫项目与贫困乡镇、贫困村的实际和贫困群众意愿结合起来，把"造血式"扶贫与"输血式"救济结合起来，把近期脱贫与长远致富结合起来，提高群众的积极性和项目的针对性，充分发挥好扶贫项目和资金的带动引领作用。根据市场情况，把贫困户吸入产业，实施短期、中期、长期项目配套措施，以短养长，长短结合，使近期脱贫与长远致富一脉相承。因地制宜制定产业扶持发展规划。坚持宜农则农、宜游则游、宜商则商，大力发展特色优势产业，培育主导产品，提高特色产业开发效益。二是构建产业发展带动机制。对建档立卡贫困户统筹安排使用资金，建立产业发展带动机制，奠定牢固的产业发展基础和稳定的脱贫机制保障。重点扶持符合相关条件的农民专业合作社、村集体经济组织、扶贫企业发展扶贫产业，带动贫困户创收增收。积极引导承包土地向专业种养大户、家庭农场、农民合作社、农业龙头企业流转，增加贫困户财产性收入。推行"公司+合作社(基地)+贫困户"等模式，提高贫困户的组织化水平，让贫困户从产业发展中获得更多利益。

第三，精准使用扶贫资金。要提高扶贫资金的有效性，必须对财政扶贫资金运行过程中的每个环节，包括资金的分配、使用对象的确定、使用方向的选择、监督机制的完善等，均作出科学的比较和分析，完善相关机制，切实提升扶贫资金使用管理的精准性、安全性及高效性，让有限的资金发挥最大的效益。一要"精准拨付"。财政扶贫资金投向要符合政策，必须专款专用，只能用于贫困地区和贫困群众，坚决避免资金分配的随意性，确保扶贫资金精准拨付、及时拨付，保证"好钢用到刀刃上"。二要高效利用。要立足地方实际，以扶贫攻坚规划和重大扶贫项目为平台，整合扶贫资金等各类扶贫资源，统筹安排，形成合力，集中力量解决突出贫困问题。三要严格监管。按照"项目跟着规划走，资金跟着项目走，监督跟着资金走"的原则，强化项目监督管理，严格按照精准扶贫的标准、程序等实施项目，未经报批不能擅自更改项目的建设内容和用途，确保每一个项目都落实到贫困户身上。

第四，精准落实扶贫措施。针对扶贫对象的贫困情况和致贫原因，制定具体帮扶方案，分类确定帮扶措施，确保帮扶措施和效果落实到户到人。通过实施"五个一批"工程，解决好"怎么扶"的问题。一是发展生产脱贫一批。对贫困人口中有劳动能力、有耕地或其他资源，但缺少资金来源、缺少产业支撑、缺少专业技能的，要立足当地资源，因地制宜，实现就地脱贫。支持贫困地区农民在本地或外地务工、创业。引导和支持所有有劳动能力的人依靠自己的双手开创美好明天。二是易地搬迁脱贫一批。对生存条件恶劣、自然灾害频发的地方，通水、通路、通电等成本很高，贫困人口很难实现就地脱贫，要在坚持群众自愿的前提下，实施易地搬迁。实施搬迁中，要想方设法为搬迁人口创造就业机会，保障他们有稳定收入，同当地群众享受同等的基本公共服务，确保搬得出、稳得住、能致富。三是生态补偿脱贫一批。对生存条件差、但生态系统重要、需要保护修复的地区，结合生态环境保护和治理，通过建立生态补偿机制，帮助贫困地区和贫困人口脱贫。四是发展教育脱贫一批。国家教育经费要向贫困地区倾斜、向基础教育倾斜、向职业教育倾斜。重点做好职业教育培训，使贫困家庭的子女通过接受职业教育掌握一技之长，促进劳动力就业创业。帮助贫困地区改善办学条件，推进农村中小学校标准化和寄宿制学校建设，加强贫困地区教师队伍建设。对建档立卡的贫困家庭学生实施普通高中教育免学杂费，落实中等职业教育免学杂费政策。五是社会保障兜底一批。对贫困人口中完全或部分丧失劳动能力的人，由社会保障来兜底。

第五，精准派驻扶贫干部。推进脱贫攻坚，关键是责任落实到人。从中央到地方，各级党政领导要将脱贫攻坚的责任落到实处。形成中央统筹、省（自治区、直辖市）负总责、市（地）县抓落实的扶贫开发工作机制，做到分工明确、责任清晰、任务到人、考核到位，既各司其职、各尽其责，又协调运转、协同发力。尤其要在选派贫困村第一书记上下功夫，确保"因村派人精准"。选派优秀干部到贫困村担任第一书记，夯实农村基层基础，对改变农村贫困面貌、带领贫困人口脱贫致富，至关重要。第一书记人选，可以从优秀大学生村官、创业致富能手、复退军人、返乡农民工或各级机关优秀年轻干部、后备干部和国有企事业单位优秀人员中选派。同时，对种养业能手、农村经纪人、专业技术人才、知识型人才给予项目、技术、信息、资金等扶持，精准培育农村致富带头人，发挥"领头羊"作用，带动贫困户致富。

第六，精准衡量脱贫成效。精准扶贫，目的在于精准脱贫。已脱贫的农户精准有序退出也是非常重要的环节。在这方面，要通过细致调查、群众评议，明确已真正稳定脱贫的户和人，既不能使尚未脱贫的人退出，也不能让已稳定脱贫的人继续"戴帽"。对贫困县而言，一要设定进程时间表，早建机制、早做规划，实现有序退出。二要在政策上为其留出一定的缓冲期，进一步培育和巩固自我发展的能力，防止出现大量返贫。三要实行严格评估，按照标准验收，明确摘帽标准和程序，增强脱贫工作绩效的可信度。对贫困户而言，要实行逐户销号，脱贫到人。要对建档立卡的贫困户实行动态管理，脱贫了就销号，返贫户重新建档，做到有进有出，客观真实，群众认可。同样对已经脱贫销号的家庭，也要追踪观察一段时间，政策上有一定缓冲，做到不稳定脱贫就不彻底脱钩。

第三节 增加投入是保障

推进脱贫攻坚，无论是修建基础设施、完善公共服务体系还是改善贫困群众生产生活条件，每一项都需要真金白银。资金投入，要坚持政府投入的主体和主导作用，带动金融资金、社会资金投入脱贫攻坚。习近平总书记指出："'十三五'期间宁肯少上几个大项目，也要确保扶贫投入明显增加。"[1]

第一，构建精准多元的财政扶贫政策体系。财政投入是政府重要的强力扶贫政策手段，在贫困问题的解决过程中发挥着至关重要的作用。从20世纪80年代开始，中国中央财政积极构建财政扶贫开发投入体系，多渠道增加扶贫开发投入，逐步构建了较为健全的财政扶贫体系。

一是加大对贫困地区的一般性转移支付力度。中央财政在安排一般性转移支付时，充分考虑财力缺口因素，财政资金分配向贫困地区倾斜，保障贫困地区的基本公共产品供给水平，特别是对高海拔高寒地区、中西部革命老区、民族地区、边疆地区等，支持力度要远远大于其他地区。

二是专项转移支付向农村贫困地区、贫困人口倾斜。在安排专项转移支付时，既考虑贫困因素，又考虑努力脱贫程度，资金分配向贫困地区倾斜，积极引导和鼓励贫困地区主动脱贫。例如，在支持改善农民生产生活条件及农业生产发展方面，利用可再生能源发展专项资金支持四川、青海等无电地区建设光伏发电设施，解决了无电人口用电问题。车辆购置税收入补助地方资金向中西部地区、老少边穷地区[2]倾斜。对贫困地区农业综合开发项目执行较低的地方财政分担比例。中央财政安排的支持农业生产发展、草原生态保护、退耕还林、农田水利设施建设、水库移民后期扶持、"一事一议"奖补资金等，也发挥了重要的减贫作

---

[1] 中共中央党史和文献研究院：《习近平扶贫论述摘编》，北京：中央文献出版社，2018年6月，第48页。

[2] 老少边穷地区："老"指革命老区；"少"指少数民族集中居住的地区；"边"指边远地区；"穷"指贫困地区。由于地理、历史、社会等原因，老少边穷地区较为贫穷落后，是我国扶贫攻坚、开发振兴的重点地区。

用。医疗卫生和社会保障方面,在安排相关专项转移支付时,对贫困问题较为突出的中西部地区给予了倾斜。教育发展方面,支持实施"两免一补"政策,农村义务教育阶段学生全部享受免杂费、免书本费政策,对中西部地区家庭经济困难寄宿生发放生活费补助。

三是稳步增加财政专项扶贫资金投入。中央财政坚持将专项扶贫资金投入作为支出保障的重点之一,不断稳步增加财政专项扶贫资金投入。2013—2017年,中央财政累计安排财政专项资金2787亿元,年均增长22.7%。同期,拓宽扶贫开发投入渠道,安排专项彩票公益金用于支持贫困革命老区推进农村扶贫开发。

四是统筹整合使用财政涉农资金。按照"中央统筹,省(自治区、直辖市)负总责,市(地)县抓落实"的原则,将财政涉农资金的配置权力完全下放给处于脱贫攻坚第一线的贫困县,由贫困县根据脱贫攻坚需要,自主统筹使用。以扶贫规划为引领,以重点扶贫项目为平台,把目标相近、方向类同的涉农资金统筹整合使用,撬动金融资本和社会资金投入扶贫开发,提高财政涉农资金的精准度和使用效益。

第二,完善多位一体的金融扶贫机制。金融扶贫是打赢脱贫攻坚战的重大举措。在2015年中央扶贫工作会议上,习近平总书记指出,要做好金融扶贫这篇文章,仅靠有限的财政扶贫资金难以满足扶贫攻坚资金的需要,只有将财政资金和金融资金有机结合起来,充分发挥金融资金在扶贫攻坚中的作用,形成集中攻坚的强大合力,才能顺利完成精准

第四章 中国脱贫攻坚的"五点经验"

扶贫、精准脱贫攻坚任务。[1]

1986年,国务院每年安排10亿元专项扶贫贴息贷款,用于支持国家贫困县发展农牧业生产。2001年,中国人民银行印发《扶贫贴息贷款管理实施办法》,进一步完善了扶贫贴息贷款政策。到户贷款5万元以下,三年以内信用贷款贴息利率不超过贷款基准利率;项目贷款按年利率3%的标准予以贴息,贴息一年。

2013年,中共中央办公厅、国务院办公厅印发的《关于创新体制机制扎实推进农村扶贫开发工作的意见》,提出了做好扶贫开发工作的六项创新机制和十项重点工作,要求从创新金融产品和服务、推动农村金融合作、完善扶贫贴息贷款、进一步推广小额信用贷款等方面完善金融扶贫服务机制。2014年3月,中国人民银行与财政部、国务院扶贫办等七部门联合出台了《关于全面做好扶贫开发金融服务工作的指导意见》,从货币信贷、差别化监管等方面加大了金融精准扶贫力度,明确了基础设施建设、经济发展和产业结构升级、就业创业和贫困户脱贫致富、生态建设和环境保护四项重点支持领域,设立了信贷投入总量持续增长、直接融资比例不断上升、组织体系日趋完善、服务水平明显提升四个维度的工作目标,提出了发挥政策性、商业性和合作性金融的互补优势,完善扶贫贴息贷款政策,优化金融机构网点布局,改善农村支付环境等十项重点工作。

2015年,中共中央国务院印发的《关于打赢脱贫攻坚战的决定》,

---

[1] 习近平:《脱贫攻坚战冲锋号已经吹响 全党全国咬定目标苦干实干》,载《人民日报》,2015年11月29日,第1版。

提出设立扶贫再贷款、发行政策性金融债等金融扶贫政策，金融扶贫力度进一步加大，并提出了 20 个方面的措施：鼓励和引导商业性、政策性、开发性、合作性等各类金融机构加大对扶贫开发的金融支持。2016 年 3 月，中国人民银行等七部门联合印发了《关于金融助推脱贫攻坚的实施意见》，围绕精准扶贫、精准脱贫基本方略，提出全面改进和提升扶贫金融服务、增强扶贫金融服务的精准性和有效性。从准确把握精准扶贫要求、精准对接融资需求、推进惠普金融发展、发挥好各类金融机构主体作用、完善精准扶贫保障措施和工作机制等方面，进一步提出了 22 项金融助推脱贫攻坚的具体措施。

第四节　各方参与是合力

"人心齐、泰山移。"扶贫是一个系统工程，涉及金融支持、社会救助、产业发展等多个领域，涉及党组织、政府、社会、市场等多个行为主体。扶贫必须形成合力，形成各方力量各司其职、各展其长的体制机制。习近平总书记指出："我们坚持动员全社会参与，发挥中国制度优势，构建了政府、社会、市场协同推进的大扶贫格局，形成了跨地区、跨部门、跨单位、全社会共同参与的多元主体的社会扶贫体系。"[1]

---

[1] 习近平：《携手消除贫困　促进共同发展》，载《人民日报》，2015 年 10 月 17 日，第 2 版。

第四章 中国脱贫攻坚的"五点经验"

第一，提高东西部扶贫协作水平。东西扶贫协作政策是指中国改革开放以来党和国家动员组织东部经济较发达省市县对西部欠发达地区或部门提供经济援助和技术人才援助，目的是促进贫困地区发展和贫困人口脱贫致富的一种扶贫政策。提高东西部扶贫协作水平，一是开展多层次扶贫协作。建立东西部扶贫协作与建档立卡贫困村、贫困户的精准对接机制，做好与西部地区脱贫攻坚规划的衔接，确保产业合作、劳务协作、人才支援、资金支持精确瞄准建档立卡贫困人口。东部省份根据财力增长情况，逐步增加对口帮扶财政投入，并列入年度预算。东部各级党政机关、人民团体、企事业单位、社会组织、各界人士等积极参与扶贫协作工作。西部地区整合用好扶贫协作等各类资源，聚焦脱贫攻坚，形成脱贫合力。启动实施东部省份经济较发达县（市）与对口帮扶西部省份贫困县"携手奔小康"行动，着力推动县与县精准对接。探索东西部乡镇、行政村之间结对帮扶。协作双方每年召开高层联席会议。二是拓展扶贫协作有效途径。注重发挥市场机制作用，推动东部人才、资金、技术向贫困地区流动。鼓励援助方利用帮扶资金设立贷款担保基金、风险保障基金、贷款贴息资金和中小企业发展基金等，支持发展特色产业，引导省内优势企业到受援方创业兴业。鼓励企业通过量化股份、提供就业等形式，带动当地贫困人口脱贫增收。鼓励东部地区通过共建职业培训基地、开展合作办学、实施定向特招等形式，对西部地区贫困家庭劳动力进行职业技能培训，并提供就业咨询服务。帮扶双方建立和完善省市协调、县乡组织、职校培训、定向安排、跟踪服务的劳务协作对接机制，提高劳务输出脱贫的组织化程度。以县级为重点，加强协作双方党政干部挂职交流。采取双向挂职、两地培训等方式，加大对西部地区特别是基层干部、贫困村创业致富带头人的培训力度。支持东西部学校、医院建立对口帮扶关系。建立东西部扶贫协作考核评价机制，重点考核带动贫困人口脱贫成效，西部地区也纳入考核范围。

第二，健全定点扶贫机制。明确定点扶贫目标任务。结合当地脱贫攻坚规划，制定各单位定点帮扶工作年度计划，以帮扶对象稳定脱贫为目标，实化帮扶举措，提升帮扶成效。各单位选派优秀中青年干部到定点扶贫县挂职、担任贫困村第一书记。省、市、县三级党委、政府参照中央单位做法，组织党政机关、企事业单位开展定点帮扶工作。完善定点扶贫牵头联系机制。各牵头单位落实责任人，加强工作协调，督促指导联系单位做好定点扶贫工作，协助开展考核评价工作。

第三，推进军队和武警部队帮扶。一是构建整体帮扶体系。把地方所需、群众所盼与部队所能结合起来，优先扶持家境困难的军烈属、退役军人等群体。中央军委机关各部门（不含直属机构）和副战区级以上单位机关带头做好定点帮扶工作。省军区系统和武警总队帮扶本辖区范围内相关贫困村脱贫。驻贫困地区作战部队实施一批具体扶贫项目和扶贫产业，部队生活物资采购注重向贫困地区倾斜。驻经济发达地区部队和有关专业技术单位根据实际承担结对帮扶任务。二是发挥部队帮扶优势。发挥思想政治工作优势，深入贫困地区开展脱贫攻坚宣传教育，组织军民共建活动，传播文明新风，丰富贫困人口精神文化生活。发挥战斗力突击力优势，积极支持和参与农业农村基础设施建设、生态环境治理、易地扶贫搬迁等工作。发挥人才培育优势，配合实施教育扶贫工程，做好"八一爱民学校"援建工作，组织开展"1+1""N+1"等结对助学活动，团级以上干部与贫困家庭学生建立稳定帮扶关系。采取军地联训、代培代训等方式，帮助贫困地区培养实用人才，培育一批退役军人和民兵预备役人员致富带头人。发挥科技、医疗等资源优势，促进军民两用科技成果转化运用，组织87家军队和武警部队三级医院对口帮扶113家贫困县县级医院，开展送医送药和巡诊治病活动。帮助革命老区加强红色资源开发，培育壮大红色旅游产业。

第四，健全社会力量参与机制。坚持"政府引导、多元主体、群众参与、精准扶贫"的原则，鼓励支持民营企业、社会组织、个人参与扶贫开发，实现社会帮扶资源和精准扶贫有效对接。具体为健全组织动员机制，搭建社会参与平台，完善政策支撑体系，营造良好社会氛围；充分发挥各类市场主体、社会组织和社会各界作用，多种形式推进，形成强大合力；充分尊重帮扶双方意愿，促进交流互动，激发贫困群众内生动力，充分调动社会各方面力量参与扶贫的积极性；推动社会扶贫资源动员规范化、配置精准化和使用专业化，真扶贫、扶真贫，切实惠及贫困群众。引导社会扶贫重心下移，自愿包村包户，做到贫困户都有党员干部或爱心人士结对帮扶。

第五节　群众参与是基础

贫困群众既是脱贫攻坚的对象，更是脱贫致富的主体，贫困群众的积极融入是精准扶贫成功的关键。贫困群众融入，就是尊重贫困群众扶贫脱贫的主体地位，不断激发贫困村贫困群众内生动力。习近平总书记指出："脱贫攻坚，群众动力是基础。必须坚持依靠人民群众，充分调动贫困群众积极性、主动性、创造性，坚持扶贫和扶志、扶智相结合。"[1]

第一，采取有效措施，增强贫困群众立足自身实现脱贫的决心信心。习近平总书记指出："要坚定信心。只要有信心，黄土变成金。贫困地区尽管自然条件差、基础设施落后、发展水平低，但也有各自的有利条件和优势。只要立足有利条件和优势……，充分调动广大干部群众的积极性，树立脱贫致富、加快发展的坚定信心，发扬自力更生、艰苦奋斗精神，坚持苦干实干，就一定能改变面貌。"[2] 一是开展宣传教育。大力弘扬"脱贫攻坚是干出来的""幸福是奋斗出来的""滴水穿石""弱鸟先飞""自力更生"等精神，帮助贫困群众摆脱思想贫困，树立主体

---

[1] 中共中央党史和文献研究院：《习近平扶贫论述摘编》，北京：中央文献出版社，2018年6月，第143页。

[2] 习近平：《做焦裕禄式的县委书记》，北京：中央文献出版社，2015年版，第17页。

意识。大力宣传脱贫攻坚目标、现行扶贫标准和政策举措，让贫困群众知晓政策，更好地参与政策落实并获得帮扶。运用好农村"大喇叭"、村内宣传栏、微信群、移动客户端和农村远程教育等平台，发挥乡村干部和第一书记、驻村工作队贴近基层、贴近群众优势，组织党员干部、技术人员、致富带头人、脱贫模范等开展讲习，提高扶志教育针对性、及时性、便捷性和有效性。二是加强技能培训。围绕贫困群众发展产业和就业需要，组织贫困家庭劳动力开展实用技术和劳动技能培训，确保每一个有培训意愿的贫困人口都能得到有针对性的培训，增强脱贫致富本领。组织贫困家庭劳动力参加劳动预备制培训、岗前培训、订单培训和岗位技能提升培训，支持边培训边上岗，突出培训针对性和实用性，将贫困群众培育成为有本领、懂技术、肯实干的劳动者。三是强化典型示范。选树一批立足自身实现脱贫的奋进典型和带动他人共同脱贫的奉献典型，用榜样力量激发贫困群众脱贫信心和斗志，营造比学赶超的浓厚氛围。开展全国脱贫攻坚奖评选，组织先进事迹报告会，支持各地开展脱贫攻坚奖评选表彰活动，加大对贫困群众脱贫典型表彰力度。制作扶贫公益广告，宣传榜样力量。宣传脱贫致富先进典型，总结推广脱贫致富成功经验，鼓励各地开展脱贫家庭星级评定，发布脱贫光荣榜，用身边人身边事教育引导身边人，让贫困群众学有榜样、干有方向，形成自力更生、脱贫光荣的鲜明导向。

第二，增强脱贫攻坚中的群众融入度，不断提高贫困群众脱贫能力。习近平总书记指出："群众参与是基础，脱贫攻坚必须依靠人民群众，

中国共产党领导脱贫攻坚的经验与启示

驻云南省文山壮族苗族自治区州西畴县瓦厂村第一书记巩寰宇向群众宣传政策。

组织和支持贫困群众自力更生,发挥人民群众主动性。"[1]一是积极引导贫困群众发展产业和就业。支持贫困群众发展特色产业,大力开展转移就业,开发扶贫岗位,在有条件的地方建设扶贫车间,确保有劳动力的贫困户至少有一项稳定脱贫项目。加强贫困村致富带头人培育培养,增强新型经营主体带动作用,提高贫困群众发展生产的组织化、规模化、品牌化程度。完善产业扶贫奖补措施,鼓励和支持贫困群众发展产业增收脱贫。采取劳务补助、劳动增收奖励等方式,提倡多劳多得、多劳多

---

[1] 中共中央党史和文献研究院:《习近平扶贫论述摘编》,北京:中央文献出版社,2018年6月,第140页。

第四章　中国脱贫攻坚的"五点经验"

奖。二是加大以工代赈实施力度。大力推广自建、自管、自营等以工代赈方式，通过投工投劳建设美好家园。强化工作指导，督促地方切实组织和动员当地贫困群众参与工程建设，改善贫困乡村生产生活条件。提高劳务报酬发放比例，推动以工代赈回归政策初衷。三是减少简单发钱发物式帮扶。规范产业扶贫和光伏扶贫，财政资金和村集体资产入股形成的收益主要支持村集体开展扶贫。推广有条件现金转移支付方式，除政策明确规定以现金形式发放外，原则上不发放现金。不得包办代替贫困群众搞生产、搞建设，杜绝"保姆式"扶贫，杜绝政策"养懒汉"。四是发挥贫困群众主体作用。尊重贫困群众的首创精神和主体地位，鼓励贫困群众向村两委签订脱贫承诺书，明确贫困群众脱贫责任。落实贫困群众知情权、选择权、管理权、监督权，引导贫困群众自己选择项目、实施项目、管理项目、验收项目，融入脱贫攻坚项目全过程。

云南省落实产业扶贫，因地制宜发展特色产业，引导贫困群众就业。左图为云南省富宁县格当村村民在最高人民检察院援建的富宁县格当村手套加工车间生产；右图为云南省西畴县瓦厂村村民在最高人民检察院协调援建的民族特色文创产品扶贫车间生产。

第三，推进移风易俗，引导贫困群众健康文明新风尚。一是提升乡风文明水平。持之以恒推进农村精神文明建设，着力培育文明乡风、良好家风、淳朴民风。在贫困地区开展文明村镇、文明家庭、星级文明户等创建活动，推选"好婆婆""好媳妇""好夫妻""好儿女"，推广设立扶贫孝善基金。对积极参与村内公益事业、保持良好生活和卫生习惯、营造优良文明家风等行为给予奖励。持续开展贫困村改水、改厕、改厨、改圈等人居环境整治。二是加大贫困地区文化供给。组织文艺院团、文艺工作者等创作一批反映贫困地区本地文化、展现贫困群众自力更生精神风貌的文艺影视作品。培育挖掘贫困地区本土文化人才，支持组建本土文化队伍，讲好富有地方特色、反映群众自主脱贫的故事。三是发挥村民治理机制和组织作用。指导修订完善村规民约，传承艰苦奋斗、勤俭节约、勤劳致富、自尊自强、孝亲敬老、遵纪守法等优良传统，引导贫困群众自觉遵守、自我约束。鼓励成立村民议事会、道德评议会、红白理事会、禁毒禁赌会等自治组织，规劝制止陈规陋习，倡导科学文明生活方式。四是加强对不良行为的惩戒。对高额彩礼、薄养厚葬、子女不赡养老人等现象进行摸底调查，有针对性地开展专项治理，逐步建立治理长效机制。探索设立红黑榜，曝光攀比跟风、环境脏乱差、争当贫困户等不良行为。加强诚信监管，将有故意隐瞒个人和家庭重要信息申请建档立卡贫困户和社会救助、具有赡养能力却不履行赡养义务、虚报冒领扶贫资金、严重违反公序良俗等行为的，列入失信人员名单，情节严重、影响恶劣的，通过公益诉讼等手段依法严厉惩治。对参与黑恶活动、黄赌毒盗和非法宗教活动且经劝阻无效的贫困人口，可取消其获得帮扶和社会救助资格。

第五章

中国脱贫攻坚
着力避免几个现象

坚决打赢脱贫攻坚战，让贫困人口和贫困地区同全国一道进入全面小康社会，是中国共产党的庄严承诺。当前，中国脱贫攻坚战已经取得了决定性进展和显著成绩，但任务依然艰巨。为保证脱贫攻坚战取得最终胜利，中国共产党和中国政府特别重视解决好脱贫攻坚过程中的薄弱环节、不和谐做法和工作误区等问题，着力避免几个突出现象。

第五章　中国脱贫攻坚着力避免几个现象

第一节　预防返贫现象

当前，中国扶贫脱贫工作已进入了冲刺期，处于攻克堡垒的决胜阶段，在此阶段防止返贫尤为重要。精准扶贫、精准脱贫的难点就在于如何做到稳定脱贫不返贫。这是以习近平同志为核心的党中央在推动精准扶贫、精准脱贫过程中反复强调的问题，也是扶贫攻坚成果能否经得起历史检验的关键。

第一，预防返贫是脱贫攻坚中与继续攻坚同等重要的大事。返贫是指贫困人口在脱贫之后又重新陷入贫困的现象。一般而言，返贫具有如下特征：一是返贫具有普遍广泛性。返贫是一个世界性、各国都在长期致力解决的普遍难题。因此，要正确看待返贫问题，既不能麻痹大意，等闲视之；也不能妄自菲薄，谈"返贫"而色变。二是返贫具有地区差异性。有关调查研究表明，返贫程度的深浅、返贫范围的大小与返贫比例的高低，在各个地区之间是极不均匀的。三是返贫具有可防可控性。凡事预则立，不预则废。返贫虽然具有普遍广泛性，但并不意味着返贫是不可预防控制的。前期扶贫开发的实践已经充分证明，只要注重返贫防控机制建设，加大对贫困人口"造血"功能的建设，返贫是能够得到有效防控的。

近年来，随着精准扶贫的大力实施，中国的贫困人口得到大幅削减，但农村返贫率依然较高。据不完全统计，2000年以来中国农村返贫率一般在20%以上，个别年份甚至在60%以上。返贫人口的大量出现，一方面，削减了以往扶贫攻坚的成果，影响到全面小康社会的建设进程和"两个一百年"奋斗目标的实现进程；另一方面，也极大地挫伤了贫困户继续脱贫致富的信心，增加了后续脱贫攻坚的难度。因此，在脱贫攻坚的过程中，预防返贫的重大现实意义是不言而喻的。在2017年全国"两会"（全国人民代表大会、中国人民政治协商会议）上，习近平总书记在参加十二届全国人大五次会议四川代表团审议时指出："防止返贫与继续攻坚同样重要，已经摘帽的贫困县、贫困村、贫困户，要继续巩固，增强'造血'功能，建立健全稳定脱贫长效机制，坚决制止扶贫工作中的形式主义。"[1]习近平总书记的这一讲话旗帜鲜明地指出了防止返贫的重要意义和工作路径。

第二，多方面原因导致贫困户返贫。虽然中国在脱贫攻坚战中取得了举世瞩目的成绩，但脱贫任务依然繁重，面临的贫困问题依然不少，一些地方出现的脱贫再返贫等问题，不仅暴露出地方政府在脱贫工作方面的不足，同样也暴露了贫困群众自身的问题。主要表现在以下两个方面：一是只注重物质扶贫，忽视后续工作。贫困户之所贫困，部分是因为没有资金去实现自己的想法。这类原因导致贫困，政府给予一定的物资援助，确实是对症下药，但一些地方政府对于帮助贫困户发展产业的后续工作有时缺乏跟踪和进一步工作。政府在给予一定物资援助之后，

---

[1]《两会上，习近平反复要求把这件事抓紧做实》，新华网，2019年3月7日，http://www.xinhuanet.com/2019-03/07/c-1124205992.htm。

还应该给予相应的技术支持和必要的市场指导，只有这样才能提高贫困户的"造血"能力。二是不注重精神扶贫，少数贫困户依赖政府补助脱贫。当前靠政府兜底实现脱贫的贫困人口不在少数，一些贫困户认为自己什么也不用做，就会拿到贫困补贴，所谓"躺着脱贫"，他们不愿意靠自己的努力脱贫致富，返贫问题出现也就在所难免。对待这类存在等靠要思想的贫困户，政府在给予物质帮扶的同时，应该注重思想帮扶，务必改变他们的懒惰思想，调动他们的主观能动性，让他们从内心想勤劳脱贫。

第三，建立健全长效机制切实预防返贫。预防返贫是一项系统工程，必须立足全局、科学谋划，搞好顶层设计，建立健全长效机制。一是建立健全返贫管理机制。进一步健全返贫动态监控机制。健全和完善关于脱贫户和脱贫人口的动态信息管理系统，并在此基础上建立分类动态管理台账，以确保全面及时地掌握脱贫人口的发展情况，可根据脱贫户现有的产业、副业、外出务工及经商等收支状况，将其划分为不易返贫户、容易返贫户和极易返贫户三个不同的等级。对已经脱贫的人口进行跟踪监测，并强化对相对脱贫户、贫困边缘户的后续帮扶工作，有效防止其"刚越线，又返贫"现象的发生。进一步建立"因势利导、分级施策"的帮扶机制。针对不同等级的脱贫户采取不同的帮扶政策。对一级脱贫户以"帮"为主，二级脱贫户以"扶"为主，三级脱贫户以"引"为主，正确运用"授渔"与"授鱼"的方法，妥善处理"造血"与"输血"的关系，通过分级监控、分级管理、分级施策，提高脱贫户的自我发展能力。

二是切实完善产业扶贫机制。大力推进产业扶贫，培育具有本地特色的扶贫支柱产业,是拓宽刚脱贫并且还处在贫困边缘群众稳定增收的主要渠道,也是防止已经脱贫群众再次返贫的有效举措。重点要做好三方面工作:首先要明确发展目标,用现代发展理念引领产业发展。在加大产业扶贫的过程中,要始终坚持以科技为支撑、以市场为导向、以效益优先为原则,紧紧依托当地资源禀赋和产业基础,认真做好产业规划,发展当地特色优势产业,不断巩固脱贫户的经济基础,确保其永续脱贫。其次要强化科技支撑,用现代科技促进产业发展。科学技术是第一生产力,产业扶贫过程中必须高度重视先进种养技术的推广、普及和运用。要坚持技术人员"送下去"教与将种养户"请上来"学相结合,加大送科技下乡力度,帮助贫困户提高运用先进技术增产增收的能力。最后还要大力拓展市场,用现代经营形式推进贫困地区产业发展。发展扶贫产业必须以市场为导向,积极扶持具有强劲市场竞争力的优势产业,要指导贫困群众根据本地资源承载能力和市场发展空间来发展特色产业,以帮助他们合理确定产业发展规模,避免"增产不增收"等情况的出现,切实提高产业扶贫的效益。

　　三是建立健全社会保障机制。建立健全社会保障机制是遏制贫困户脱贫后再次返贫的有效手段。进一步完善各类社会保障制度,包括养老、助残、医疗卫生、教育等方面的社会保障制度,对已经脱贫但尚未稳固的脱贫人口进行兜底式帮扶,通过加大资金投入力度,进一步健全帮扶网络,进一步建立健全大病保险、疾病应急救助和基本医疗保险等制度的衔接机制,充分发挥各类社会保障制度的协同互补作用,努力形成强大的保障合力,有效防止脱贫户因病、因残、因学等重新返贫。进一步建立健全灾害救助机制，防止脱贫群众因灾返贫。要通过加大对防灾救灾科技支撑体系的建设力度，进一步建立健全各类自然灾害的监测预报系统，加强对地震、泥石流、洪涝灾害、气象灾害和森林防火等自然灾害的预警监测。要健全和完善防灾救灾的财政资金投入机制。根据现有救灾工作分级负责、分级负担的体制，切实落实相关省、市、县、乡的配套资金，为防灾救灾提供充足的资金保障。进一步健全贫困人口就业保障机制。对有外出务工愿望的困难群众，要合理引导，并做好用人单位与务工人员之间的牵线搭桥工作，帮助其实现外出务工。对于缺技能、文化水平较低的贫困群众，要加大免费教育培训的力度，提升其职业技能水平。

四是建立健全激活群众内生动力机制。扶贫开发不能等靠要，贫困地区的内生动力对脱贫攻坚至关重要。预防返贫，同样需要激发贫困群众永续脱贫的内生动力。要想方设法把贫困群众自主脱贫致富的积极性和主动性充分调动起来，积极引导其树立脱贫致富主体意识，激发其脱贫致富的干劲和决心，在政府的帮扶下，靠自己的努力改变贫困落后的命运。加大对贫困地区教育扶贫力度，继续加大对农村教育的资金和师资等方面的投入力度，争取在最短的时间内缩小城乡教育差距，让贫困地区的孩子接受更好的教育，有效阻断贫困的代际传递。通过宣传教育，引导贫困群众建立科学的消费观念，养成健康的生活习惯。

第二节 防止扶贫中的形式主义、官僚主义现象

脱贫攻坚事关百姓福祉，事关国家长治久安。做好扶贫工作，必须要跳出形式主义的牢笼，多些真诚、少些套路，多做实事、少务虚功，让基层干部解开束缚、放开手脚，在脱贫攻坚战场轻装上阵。

第一，扶贫中有形式主义、官僚主义表现。脱贫攻坚工作要实打实干，一切工作都要落实到为贫困群众解决实际问题上，切实防止形式主义、官僚主义，不能搞花拳绣腿，不能搞繁文缛节，不能做表面文章。2018年全国"两会"期间，习近平总书记在甘肃代表团发表的重要讲话中，对群众反映的脱贫攻坚战中的形式主义、官僚主义做法进行了总结。在这次讲话中，习近平总书记集中点出了几类问题：虚假式脱贫、算账式脱贫、指标式脱贫、游走式脱贫，并提出要高度重视、坚决克服。

一是虚假式脱贫。比如，一些地方仅靠给钱给物"输血式"脱贫摘帽，并没有把产业搞起来，或是帮助贫困户就业，形成自我"造血"，造成贫困户的脱贫是一时的，可能今年脱贫了，明年、后年又返贫。

二是算账式脱贫。比如，一些地方给帮扶干部摊派脱贫指标，一些帮扶干部把不少精力用在了"算账"上，"研究"怎么把帮扶对象尽快

"算"出去。有贫困户反映,自己去年年初被认定为扶贫对象,春天在扶贫资金支持下刚种上果树,年底就"被脱贫"了。

三是指标式脱贫。比如,一些基层扶贫工作被简单变成下任务、定指标,并按指标完成情况进行考核。特别是在扶贫投入方面,使用产业扶贫资金有指标、发放扶贫小额信贷也有指标,为足额定量完成上级主管部门下达的指标任务,一些地方只能突击花钱,在缺乏科学规划的情况下拍脑袋决策、简单化分钱,导致扶贫资金被滥用甚至冒用,没能真正惠及贫困户。

四是游走式脱贫。比如,一些地方为了完成脱贫任务,将一些贫困人口易地搬迁,在数字上使得这个地方的贫困人口减少了,但由于搬迁者在新地方没能谋得就业机会或过上稳定的生活,过一段时间又返回原地,重新陷入贫困。这种脱贫是游走状态、不稳定,随时可能再次进入贫困。

此外,还存在突击脱贫、提前脱贫、数字脱贫、贷款脱贫、预算脱贫、低保脱贫等现象。这些都可谓脱贫攻坚工作中存在的形式主义、官僚主义。

第二,打赢精准扶贫脱贫攻坚战来不得半点"虚"。精准扶贫脱贫既然是一场攻坚战,各级领导干部作为"指战员",就来不得半点"虚"的。习近平总书记在中共中央政治局第三十九次集体学习时强调,"要防止形式主义,扶真贫、真扶贫,扶贫工作必须务实,脱贫过程必须扎实,脱贫结果必须真实,让脱贫成效真正获得群众认可、经得起实践和历史检验。"[1] 但一些地方、一些干部在精准扶贫脱贫攻坚战中成了形式主义、官僚主义的"俘虏"。扶贫工作"脱实向虚"。要真正打好扶贫脱贫攻坚战，取得这场攻坚战的最后胜利，必须铲除扶贫干部的形式主义、官僚主义，实现扶贫干部队伍的"脱虚返实"。

一是压紧压实主体责任。把精准脱贫的方案做实，逐户落实帮扶责任人，实行一户一策、一户一法，摸清底子，找准穷根，把责任落实到人。通过出实招、干实事、求实效，极大地压缩形式主义、官僚主义的空间。同时加强对扶贫工作的统筹，建立脱贫攻坚的网络信息技术平台，既加强督察，又减少重复检查、考核，让扶贫干部把时间精力放在干实事、求实效上。国务院扶贫办曾发出通知，从减少填表报数、减少检查考评、减少会议活动、减少发文数量、规范调查研究、严格监督问责六个方面，要求各地制止频繁填表报数、迎评迎检、陪会参会等大量耗费基层干部精力的行为。自2018年起，扶贫数据主要通过国务院扶贫办建立的建档立卡信息系统上报，不再要求县以下单位通过其他渠道提供，让基层扶贫干部将工作精力从文山会海中解脱出来，投入精准帮扶一线。

二是建立健全监督问责机制。动员千遍，不如问责一次。只有让形式主义付出代价，才能真正释放基层干部干事创业活力。要建立健全监督问责机制，采用明察暗访等方法，结合媒体、社会等监督力量，及时发现脱贫攻坚工作中的形式主义等问题，对搞数字脱贫、虚假脱贫和违纪违规动扶贫"奶酪"的，严惩不贷。

---

[1] 习近平：《更好推进扶贫精准脱贫 确保如期实现脱贫攻坚目标》，载《人民日报》，2017年2月23日，第1版。

三是要绣花功夫，不要花拳绣腿。必要的评比检查、督促追责无可厚非，但如果玩的是虚功夫，打的是花拳绣腿，效果就会适得其反。为此，扶贫攻坚应该在绣花针式的工作作风上下功夫。多一针则庸，少一针则乱，注重细致精准。要合理分配时间精力，有效区分轻重缓急，把扶贫资源都用在针尖上、刀刃上，有条不紊地推进扶贫工作。只有找准对象、明确目标，用细致的措施和切实的手段对症下药，才能真正实现精准扶贫、精准脱贫。

四是要"久久为功"，不要"浅尝辄止"。象征性地到贫困户家中坐一坐，走马观花式地下基层扶贫调研，蜻蜓点水式地使用扶贫资金，这些"浮贫"工作只可能造成海市蜃楼的脱贫假象，不会从根本上扭转贫困现状。脱贫攻坚不能"脚踩西瓜皮，滑到哪里算哪里"，而是要建立健全稳定脱贫长效机制，在"输血"和"造血"有机结合上下功夫。既要设定合理的脱贫目标，还要提前谋划脱贫之后的生产生活，留出一定的发展空间和增长潜力；既要巩固脱贫的成效成果，还要把防止返贫放在重要的位置，增强贫困点抵御风险能力；既要"授之以鱼"还要"授之以渔"，搭建平台、拓宽渠道、提供经验引导贫困群众一步一个脚印，勤劳致富奔小康。

第三节　克服扶贫不扶志现象

2018年5月31日，中共中央政治局召开会议，审议《关于打赢脱贫攻坚战三年行动的指导意见》，再次强调，要开展扶贫扶志行动，提高贫困群众自我发展能力。对于那些有劳动能力、无脱贫志气的贫困户，做好思想引导、克服思想惰性是激发内生动力的前提。只有当贫困人口意识到通过劳动摆脱贫困的可能、尝到了脱贫致富的甜头，调动扶贫意愿、靠自身努力摆脱长期贫困才会成为可能。

第一，扶贫先扶志是打赢脱贫攻坚战的重要基础。人穷不能志短，扶贫先要扶志。2013年11月，习近平总书记在湖南省湘西州花垣县排碧乡十八洞村调研民族地区扶贫开发工作时强调："脱贫致富贵在立志，只要有志气、有信心，就没有迈不过去的坎。"[1]扶贫先扶志，这是老话重提，但是这话必须要提，而且是不得不提。中国脱贫攻坚工作开展以来，数不清的工作队进村入户帮扶，无数的党员干部和贫困群众结了对子，这些扶贫力量犹如一束束火把，点亮了贫困群众脱贫致富的希望，让贫困群众更加坚定了脱贫的信心和决心。在空前的帮扶力度之下，在贫困群众十足的干劲当中，相当一部分贫困群众摆脱贫困，过上

---

[1] 习近平：《深化改革开放推进创新驱动　实现全年经济社会发展目标》，载《人民日报》，2013年11月6日，第1版。

了富裕幸福的好日子。

然而，在这样的"主流"之外，却还有一些"支流"让人痛心，那就是部分贫困群众穷惯了，没有脱贫的志气和行动。在有些贫困户中甚至流传着这样的顺口溜："要是你不懒，政府就不管；要懒懒到底，政府来兜底。"政府在千方百计地想办法，扶贫干部在废寝忘食地谋发展，但是个别贫苦户却并不买账，总是抱怨帮扶的力度还不够，总是嫌享受的优惠政策还太少，而他们自己却又不愿干点活。这就出现了扶贫干部着急上火，部分贫困群众不慌不忙的现象，严重影响了脱贫攻坚的进度和效果。

第二，打赢脱贫攻坚战需要政府和贫困群众共同努力。当前，中国脱贫攻坚已经到了决战决胜的关键时刻。在如火如荼的攻坚战中，各级党委、政府进一步增强脱贫攻坚的紧迫感、责任感和使命感，撸起袖子加油干。绝大多数建档立卡贫困户破除思想桎梏，充分发挥自身主体作用，从被动脱贫到主动致富。一些地区积累了不少成功经验。

一是加强扶志教育，树立正确荣辱观。在教育内容上，深入推进社会主义核心价值观的培育和践行，尤其对甘心当贫困户、想当贫困户的适时给予心灵鞭打，培育人穷志不穷、穷则思变、穷则思勤的奋斗精神和勤劳脱贫的勇气和决心；在教育方式上，利用村民代表会议、贫困户会议和"农民夜校"等载体，开展党的方针政策教育、种养殖技术等知识培训和自力更生、艰苦奋斗等中华民族传统美德教育，牢固树立正确的荣辱观，培育积极、健康、向上的精气神。同时利用学校这一平台，加强对中小学生进行脱贫攻坚政策宣传和引导，"少年强则国强"，用孩子的言行带动长辈励志脱贫和对扶贫工作的大力支持。

二是培优选树脱贫典型，以点带面。重视选好用好致富带头人、脱贫户讲述自己的"创业经"和"致富史"，唱响脱贫攻坚主旋律，形成示范效应；始终坚持正确的舆论导向，发现、总结、推广、宣传一批扶贫、脱贫典型人物事迹，并适当给予物质奖励，营造"扶贫贵在立志"的良好社会氛围。

同时，打赢脱贫攻坚战更需要贫困群众自己努力。如果政府在不遗余力地帮扶，而贫困群众却一直麻木无感，即便有再好的政策再多的帮扶，到头来也只能是解燃眉之急而不能拔除穷根，甚至一些贫困群众当下脱了贫将来还可能要返贫。如果不能"富脑袋"，如果不能先扶志，一些扶贫的努力可能就会白费，扶贫的效果也就打了折扣。

打赢脱贫攻坚战，要激发贫困户的内生动力。做好脱贫攻坚工作，不仅要给贫困地区"输血"，关键还要提升贫困地区的"造血"功能，要让扶志和扶智贯穿整个脱贫攻坚过程。脱贫攻坚，重在拔掉精神穷根，让贫困户真正认识到主动脱贫才是走上幸福之路的根本，真正从思想上脱离贫困。当然，在奋斗的路上，不能一味地盲干，而是要借助智力平台，让"实干＋巧干"释放出更大的脱贫正能量。

第四节 力戒不重视支部党建现象

农村要发展，农民要致富，关键靠支部。贫困村之所以贫困，除了自然的、历史的、客观的因素外，更重要的是班子、队伍、人的问题，是观念、信心、能力的问题。不解决这些问题，很难把扶贫工作搞好，即使一时扶上去了，迟早还要掉下来。

第一，建设好农村党支部具有重要意义。只有帮助村里建设一个好的党支部，才能打造一支"不走的扶贫工作队"，才能给村里留下一批致富带头人，才能夯实党的基层组织建设。

只有建设好农村党支部，才能打造一支"不走的扶贫工作队"。无论是扶贫工作队，还是第一书记，其作用在于帮扶、引领、示范，总有离开农村的一天，而打赢脱贫攻坚战的主体是生活在这片土地上的老百姓，只有将村里的能人、带头人选出来、用得好，使他们成为带领群众脱贫致富的中坚力量，成为农村党支部这个战斗堡垒的主人公，才能打造一支"不走的扶贫工作队"。

只有建设好农村党支部，才能培养一批带领群众致富的带头人。打赢脱贫攻坚战，必须培养造就一批能够带领群众共同致富的带头人，并通过他们的示范引领，促进乡村本土人才的回流，为乡村振兴奠定坚实的人才基础。建设好农村党支部，就要引导党员提高自身的致富能力，促使其树立新观念、学习新知识、掌握新技能，使其成为带领群众发家致富的行家里手、践行乡风文明的先锋模范、维护农村稳定的中坚力量。

只有建设好农村党支部，才能夯实党的基层组织建设。群众路线是中国共产党的生命线，群众满意是检验工作的根本标准。我们的一切工作，都是为了实现好、维护好、发展好群众的根本利益。先锋作用发挥好，一名党员一面旗。事实证明，只要建设好一个农村党支部，每一名党员干部就能发挥好先锋模范带头作用，广大基层党员干部就能在脱贫致富上下功夫、做文章、找出路，就能在火热的实践中出好班子、好思路、好机制、好作风，就会促进队伍成长、产业生根、制度升华、标杆涌现，就能确保一方安定团结、繁荣发展。

农村党支部是打赢脱贫攻坚战最前沿的战斗堡垒，只有一线支部团结带领广大群众，才能最大限度凝聚力量，才能决战决胜脱贫攻坚，全面建成小康社会。

第二，结合实际、自觉行动，切实加强农村基层党建。支部的思想，是人民脱贫致富的底气；支部的行动，是人民脱贫致富的动力。扶贫首要扶支部，"帮钱帮物，不如帮助建个好支部"。建好农村党支部就是进一步加强农村基层党建，要结合实际、自觉行动。

一是着力强化责任担当。每一位村党支部成员都肩负着不平凡的使命，肩负着党和人民扶贫攻坚的重任。要让支部党员保持党的先进性和纯洁性，勇于负责，敢于担当，及时发现问题，解决问题，对人对事落实责任，及时对典型问题进行纠正问责，总结吸取教训，让责任担当在支部政治环境中形成"优势"，逐渐达到"胜势"。

二是着力执行党的政策不变样。"路线是王道，纪律是霸道，这两者都不能少。"这是中国共产党内一条著名的论断，有着深刻的现实意义。在执行党的决定决议时，要严格抓落实，立规矩见成效，保证政策执行不走样。要加强制度和纪律建设，确保纪律成为带电的"高压线"，严肃整顿制度不硬、法纪不彰、正气不扬的情况，一根杆子插到底，确保贯彻落实党的政策要求不走样、不变味。

三是着力抓班子、理路子、建机制、强服务。着力在培养"造血"功能上下功夫，多做打基础、利长远的工作，甘做艰苦细致、默默无闻的工作。突出抓好村级班子建设、党员队伍管理、工作制度落实，注意防止村级党员干部队伍年龄老化、知识退化、服务能力弱化的问题。着力提高群众工作质量，注意把群众的积极性、主动性、创造性调动起来，让他们通过自己的努力实现脱贫致富梦想。

第六章

中国脱贫攻坚的意义和启示

中国是世界上最大的发展中国家，改革开放40多年来，中国人民积极探索、努力奋斗，在国际合作中学习借鉴国际经验，开创了具有中国特色的减贫道路。中国脱贫攻坚取得的巨大成就为中国如期全面建成小康社会奠定了坚实基础，同时也为全球减贫事业作出了巨大贡献，提供了有益的借鉴和启示。习近平主席在联合国日内瓦总部的演讲中指出："中国发展得益于国际社会，中国也为全球发展作出了贡献。中国将继续奉行互利共赢的开放战略，将自身发展机遇同世界各国分享，欢迎各国搭乘中国发展的'顺风车'。"[1]

---

[1] 习近平：《共同构建人类命运共同体》，载《人民日报》，2017年1月20日，第2版。

第六章　中国脱贫攻坚的意义和启示

第一节　中国脱贫攻坚的重要意义

贫困是人类社会的顽疾，是世界各国经济社会发展过程中面临的共同挑战。中国在 2005 年将贫困人口减半，提前 10 年完成《联合国千年发展目标》任务。中国还计划在 2020 年消除绝对贫困，比《联合国 2030 年可持续发展目标》又提前了 10 年。根据世界银行统计，全球范围内，每 100 人脱贫，就有 70 多人来自中国。中国外交部长王毅在首届"南南人权论坛"开幕式上发言指出："中国解决了 13 亿多人的温饱，减少了 8 亿多贫困人口，为 7.7 亿人提供了就业，建成世界最大规模的教育体系、最大规模的社保体系、最大规模的基层民主选举体系。"[1] 联合国粮农组织总干事达席尔瓦在《中国成功减贫给世界的启示》一文中也高度评价中国脱贫攻坚的重要意义，认为中国的努力是使全球饥饿人口减少的最大因素。

中华文化历来具有扶贫济困、乐善好施、助人为乐的优良传统。先秦时期，中国就提出了"夫施与贫困者，此世之所谓仁义"。后期在儒家文化影响下，形成了仁爱、民本、兼爱、大同等思想，个体、邻

---

[1]《外交部长王毅出席首届"南南人权论坛"开幕式并致辞》，国务院新闻办公室网站，2017 年 12 月 8 日，http://www.suo.gov.cn/ztk/dtzt/360481/374451/374521/document/1612945/1612945.htm。

里、宗族、机构与政府各个主体开展各种形式的济贫行为。近代以来，以孙中山为代表的爱国人士提出了民生和救助的社会思想，倡导建立以政府为主导的社会救助制度，开创了近代中国社会救助制度的雏形。中国共产党的宗旨是全心全意为人民服务，自成立之初就秉持为人民求解放、谋幸福的初衷和使命。1956年社会主义基本制度全面确立后，中国政府从制度上保障了人与人的平等关系，为反贫困奠定了制度基础。1978年改革开放之后，一系列农村体制改革措施解放了农村劳动生产力，为扶贫奠定了物质基础。农村经济发展，农民生活实现温饱，但农村城市的差距依然很大，扶贫任务任重而道远。1986年，中国政府开始在全国范围实施有计划、有组织、大规模的农村扶贫开发。1994年，中共中央、国务院颁布《国家八七扶贫攻坚计划（1994—2000年）》，扶贫开发作为国家战略继续深入推进。中国共产党十八大以来，中国特色社会主义进入新时代，为解决贫困问题提供了新条件，提出了新要求。以习近平同志为核心的党中央把扶贫开发放在了治国理政的突出位置，做出了打赢脱贫攻坚战的重大战略决策，赋予消除贫困新的时代内涵。

经济上，消除贫困是全面建成小康社会的要求，是平衡普惠协调发展的体现。全面建成小康社会是中国共产党对中国人民的庄严承诺。人民生活水平全面提高，是全面建成小康社会的基本要求之一。习近平在庆祝改革开放40周年大会上指出，改革开放以来，全国居民人均可支配收入由171元增加到2.6万元，中等收入群体持续扩大。贫困人口累计减少7.4亿人，贫困发生率下降94.4个百分点，谱写了人类反贫困史上的辉煌篇章。教育事业全面发展，九年义务教育巩固率达93.8%。

我国建成了包括养老、医疗、低保、住房在内的世界最大的社会保障体系，基本养老保险覆盖超过 9 亿人，医疗保险覆盖超过 13 亿人。常住人口城镇化率达到 58.52%，上升 40.6 个百分点。居民预期寿命由 1981 年的 67.8 岁提高到 2017 年的 76.7 岁。我国社会大局保持长期稳定，成为世界上最有安全感的国家之一。[1] 经济发展的目的是造福人民，提升发展的公平性、有效性、协同性。在中国的扶贫进程中，先富裕的地区帮助落后地区，带动贫困地区走向共同富裕之路；工业反哺农业，城市支持农村，推进产业要素、城乡要素平等交换合理配置，促进农民增收、农业发展和乡村振兴。

政治上，消除贫困是国家长治久安的保障，是社会主义制度的本质要求。扶贫开发不仅促进了贫困地区的经济社会发展，缓解了农村贫困状况，优化了国民经济结构，而且对于民族团结、政治稳定、边疆巩固、社会和谐也发挥了重要作用。消除贫困、改善民生、逐步实现共同富裕，是社会主义的本质要求，是中国共产党的重要使命。邓小平同志提出，"贫困不是社会主义，社会主义要消灭贫困。""社会主义的本质，是解放生产力，发展生产力，消灭剥削，消除两极分化，最终达到共同富裕。"中国共产党十八大以来，以习近平同志为核心的党中央，

---

[1] 习近平：《在庆祝改革开放 40 周年大会上的讲话》，载《人民日报》，2018 年 12 月 19 日，第 2 版。

把扶贫开发纳入"五位一体"[1]总体布局和"四个全面"[2]战略布局，作为实现第一个百年奋斗目标的重要任务，全面打响了脱贫攻坚战，确保到2020年农村贫困人口全部脱贫，消除绝对贫困。这将在中国历史上第一次消除绝对贫困，体现了中国共产党的价值追求，彰显了中国特色社会主义制度的优势。

治理上，消除贫困是中国智慧和中国方案的成功实践，是全球治理的新探索。贫困问题的核心是如何发展和发展成果如何分配问题。纵观国际减贫历程，从联合国、世界银行等国际机构到英美日等发达国家开展全球贫困治理，从千年发展目标到2030可持续发展目标，对如何消除贫困、实现可持续发展依旧没有找到解决方案。撒哈拉以南非洲贫困人口不但没有减少反而增加，全球贫富差距日益扩大。反观中国，从解决温饱、摆脱贫困到脱贫攻坚，提出了一系列新的治理理念并付诸实践。改革开放以来，中国政府把扶贫开发作为国家发展目标，列入国家发展规划，明确扶贫开发方向，完善扶贫开发战略和政策体系，逐步形成了中国特色的反贫困机制和模式。中国扶贫的理论和实践表明，只要有良好的政治愿景、科学的扶贫战略、适宜的政策措施，实现整体脱贫是完全可能的。埃及前外交部部长助理西夏姆·宰迈提表示，中国减贫经验为发展中国家提供了有益借鉴，更在共建"一带一路"过程中为沿线国

---

[1] "五位一体"：经济建设、政治建设、文化建设、社会建设、生态文明建设五位一体，全面推进。

[2] "四个全面"：全面建成小康社会、全面深化改革、全面依法治国、全面从严治党。

家提供了切实可行的共同发展方案。中国方案对非洲实现消除贫困和饥饿的目标具有重要作用。

　　国际上，消除贫困是中国承担国际责任的体现，是构建人类命运共同体的重要目标。当今世界仍有八亿多人生活在极端贫困线以下，全球减贫工作任重道远。中国扶贫开发事业既是中国政府的职责，也是全世界反贫困事业的重要组成部分。中国绝对贫困人口数量和占世界贫困人口总量比重大幅度"双下降"，推动了全球减贫事业发展。中国共产党十九大报告提出"促进人的全面发展，实现共同富裕"：在中国范围内，就是整体消除绝对贫困，让全体中国人民共享发展的成果；在全球范围内，就是共建一个没有贫困的人类命运共同体，建设持久和平、普遍安全、共同繁荣、开放包容、清洁美丽的世界。中国秉承和平合作、开放包容、互学互鉴、互利共赢的精神，坚持共商、共建、共享的原则，以丝绸之路经济带和 21 世纪海上丝绸之路为依托，支持发展中国家增强自身发展能力，为国际减贫事业提供支持。

第二节　中国减贫经验对世界的启示

　　中国扶贫开发取得的伟大成就，不仅表现在贫困人口的减少和贫困地区的发展，更重要的是，中国探索出了一条符合中国国情的扶贫开发道路，成为中国特色社会主义理论体系的组成部分。中国坚持改革开放，把发展作为解决贫困的根本途径，用经济快速增长为大规模减贫奠定了物质基础。坚持党的领导和政府主导，把扶贫开发纳入国家总体发展战略，把减贫作为政府重要工作来抓，开展大规模专项扶贫行动。坚持动员全社会参与，发挥中国制度优势，构建了政府、社会、市场协同推进的大扶贫格局，形成了跨地区、跨部门、跨单位、全社会共同参与的多元主体的社会扶贫体系。坚持顶层设计，构建体制机制，用制度保障减贫工作的规范化和常态化，先后出台实施《国家八七扶贫攻坚计划（1994—2000年）》《中国农村扶贫开发纲要（2001—2010年）》《中国农村扶贫开发纲要（2011—2020年）》。

第一，根据本国国情，探索符合本国国情的扶贫标准和路径。一是确立并适时调整扶贫标准。制定符合国情、参照国际、科学合理的扶贫标准，是扶贫工作的基础。根据2015年世界银行发布的贫困线国际标准，绝对贫困线标准为每人每天1.9美元，一般贫困标准为每人每天3.1美元。贫困又分为绝对贫困和相对贫困，前者指无法维系基本生活，后者指无法过上大多数人的生活。世界各国在制定贫困标准的时候会考虑到本国实际情况，发展中国家以基本生存需要为线，而发达国家则要考虑过上体面生活。中国根据自身情况进行了三次标准大调整：第一次，以解决基本温饱为目标。1986年中国首次制定贫困标准，用恩格尔系数法，以每人每日2100大卡热量的最低营养需求为基准，设定农村贫困标准为年人均纯收入206元。第二次，主要考虑兼顾非食品需求。2001年，根据《中国农村扶贫开发纲要（2001—2010年）》，国家调整了扶贫标准，纳入部分非食品需求，将低收入标准调整为865元。

第三次,兼顾适度发展。2011年,根据《中国农村扶贫开发纲要(2010—2020年)》,在综合考虑发展水平、解决温饱、适度发展及政府财力等因素,将低收入标准调整为2300元。目前中国的扶贫目标是:到2020年,稳定实现农村贫困人口不愁吃、不愁穿,义务教育、基本医疗和住房安全有保障。实现贫困地区农民人均可支配收入增长幅度高于全国平均水平,基本公共服务主要领域指标接近全国平均水平。确保中国现行标准下农村贫困人口实现脱贫,贫困县全部摘帽,解决区域性整体贫困。总的来看,中国从1986年开始,在社会可承受能力的基础上逐步提高标准,从解决农民的温饱问题扩展到贫困人口的多维度发展,使其获得医疗、教育、住房和社会保障等多方面的公共服务。国家扶贫标准必须充分反映国家经济发展程度、国民收入、居民生活成本和消费水平等各方面指标的变化,让更多低收入人群更大程度、可持续地享受经济发展带来的好处。

二是伴随着时代发展进步,与时俱进选择扶贫路径。从区域性扶贫到精准扶贫,从"大水漫灌"到"精准滴灌",从救济式扶贫到开发式扶贫,从外部帮扶到增强内生动力,中国的扶贫路径是根据扶贫阶段不断切换升级的。从新中国成立到1985年,中国扶贫主要采取的是救济式扶贫方式,对贫困人口"缺啥给啥"。这种方式对农村反贫困一度十分奏效,但是缺少可持续发展的活力,不能从根本上解决贫困问题。20世纪80年代中期,中国政府从根本上调整了扶贫战略,确定了开发式扶贫的策略方针,通过对贫困地区开展基础设施建设和生产性项目,培育贫困农户自我发展和自我建设的能力,依靠贫困地区群众自身力量实现脱贫致富，走上可持续发展之路。扶贫主要通过区域性开发，改善基础设施条件，提供政策和资金支持，解决了制约减贫脱贫的共性问题。经过多年持续大规模的扶贫工作，面上致贫共性因素影响在下降，但个性因素从隐形变为显性，影响突出。2013年，习近平总书记在湖南省湘西考察时提出"实事求是、因地制宜、分类指导、精准扶贫"，强调精准扶贫。扶贫工作注重抓"六个精准"，即扶持对象精准、项目安排精准、资金使用精准、措施到户精准、因村派人精准、脱贫成效精准，确保各项政策好处落到扶贫对象身上。2015年，党和政府又提出"五个一批"，即发展生产脱贫一批、易地搬迁脱贫一批、生态补偿脱贫一批、发展教育脱贫一批、社会保障兜底一批。

第二，以人民为中心，注重让民众共享发展成果。一个国家的经济繁荣应具体体现在全体人民的民生改善。中国自始至终都坚持以人民为中心的发展思想，把改善人民生活、增进人民福祉作为一切工作的出发点和落脚点。中国在促进经济快速发展的同时，注重在医疗、教育、住房、环保、食品安全等民生福祉上加大投入，增强全体人民的获得感、幸福感和安全感，特别是关注农村落后地区发展和贫困人口脱贫。免除了两千多年以来的农业税，并通过各类补贴鼓励农民使用现代科技。取消了对谷物买卖的控制，通过市场刺激农业产量提高。努力改善农村社会服务，为农村学生提供免费和义务教育，实施覆盖97%农村人口的新型农村合作医疗，为超过5300万农村人口提供最低生活保障。1986年国务院贫困地区经济领导小组成立，1993年更名为国务院扶贫开发工作领导小组，统筹国家扶贫开发事业，并逐步建立"中央统筹，省（自治区、直辖市）负总责，市地县抓落实"的扶贫开发管理体制。解决贫困问题不仅是解决贫困人口的经济问题，更是实现人的全面发展，让人民过上美好生活。要在通过发展做大蛋糕的同时分好蛋糕，注重公平、公正，让百姓有更多成就感和获得感。

第三，充分发挥党的领导核心作用，努力补齐社会发展的短板。扶贫开发是一项周期长、投资大、涉及面广的系统工程，经济发展的外溢效应作用有限，单纯依靠市场和社会力量无法解决贫困问题。纵观人类历史，经济增长不会自动向弱势群体倾斜，社会救助不会自动提高弱势群体的发展能力。世界很多地方的减贫实践也表明，制定目标容易，组织力量推进和实现难。在中国，正因为中国共产党对扶贫工作的有力指导和政府的强力推动，减贫工作才取得辉煌的成就。各级党委和政府高度重视扶贫开发工作，把扶贫开发、帮助困难群众脱贫致富列入重要议事日程，摆在更加突出的位置，有计划、有资金、有目标、有措施、有检查地扎实推进扶贫开发工作。在宏观层面明确扶贫开发战略，在中观层面科学规划发展路径，在微观层面推动基本公共服务均等化，动员各方面力量形成脱贫合力。建立省对地市、地市对县、县对乡镇、乡镇对村督查问责机制，形成五级书记抓扶贫、全党动员促攻坚的局面。正如联合国粮农组织减贫项目官员安娜·坎波斯所言，中国在减贫领域取得巨大成果是因为政府始终把扶贫工作摆在重要位置，并且在扶贫方面有清晰的目标。

第四，注重激发扶贫的内生动力，构建稳定脱贫长效机制。扶贫不是慈善救济，而是要激发内生动力，建立内生性可持续的扶贫长效机制。

中国坚持扶贫的最终目的是提高贫困人口的自我生存和发展能力，提升贫困地区的可持续发展能力。尊重扶贫对象主体地位，增强贫困群众的"造血"能力，引导所有能劳动的人自力更生、就业创业。重视发挥广大基层干部和能人的首创精神，培养、锻炼一批对乡村有感情、懂农村的治理人才，树立"宁愿苦干、不愿苦熬"的观念，积极探索脱贫发展新模式。贫困地区落后有自然、历史的原因，脱贫不仅仅是物质上摆脱贫困，还在于思想和能力上脱贫。20世纪90年代以来，中国积极推行参与式扶贫，让贫困人口直接参与到扶贫开发项目与资金使用的决策中来，促进他们的能力建设，增强其个人的自我积累、自我发展能力。通过社区主导型发展的试点，推进村民自治和基层民主制度建设，进一步焕发贫困群众自强自立、自我发展的精神。贵州省农科院坚持赋权扶贫，在贵州农村地区的扶贫开发工作中，赋予农民权利，使其在科技扶贫项目实施过程中有项目决策权、实施参与权、管理维护全权、知情监督权和评估监测权知情权，让农民自己做主，激发农民自我发展活力。如何建立稳定脱贫长效机制，是全球贫困治理共同面临的问题。中国通过扶贫先扶志、扶贫必扶智，让贫困地区可以自我"造血"，让贫困地区的人民获得知识，阻止再度返贫和贫困代际传递。

第五，鼓励社会参与和企业参与，构建大扶贫格局。中国的减贫坚持广泛动员，充分撬动市场和社会的力量，形成扶贫开发工作的强大合力。从2014年起，中国将每年10月17日设立为"扶贫日"，通过各种形式帮助社会各方面了解贫困地区和贫困人口情况，在全社会营造出普遍参与扶贫的舆论氛围。在2016年颁布的《慈善法》中，国家鼓励和支持自然人、法人和其他组织依法开展慈善活动。这部慈善领域的基础性和综合性法律，为慈善行为提供了法律规范和保障，树立了全社会对公益扶贫的信心，提高了社会扶贫的公信力。

社会团体、民间组织积极参与扶贫。如共青团中央发起"希望工程"，全国妇联发起"春蕾计划""母亲水窖"，中国人口基金会发起"幸福工程"，中国扶贫基金会发起"母婴平安 120 项目"等。

企业加入扶贫事业中，在实现企业发展的同时带领农民脱贫致富。近年来，随着物联网、移动互联网等信息技术的普及，原来不为人知的高质量农产品借助电商企业找到了市场。政府牵头搭建农村网络基础设施，推出一系列优惠政策，吸引大型电商企业进军农村电商市场。如中国最大的电商平台阿里巴巴推出"千县万村"计划，目前阿里巴巴农村淘宝已经覆盖全国 30 个省级行政区域，有 1038 个合作县和 3 万多个天猫优品服务站，入住商家接近 100 万，商品数量超过 5 亿。借助互联网电商平台，农民不仅满足了消费升级的需求，也让农村的土特产卖到全国，用互联网手段解决了县域经济发展新动能的转换。类似的"互联网＋扶贫"企业项目还有京东的"星火燎原"、苏宁的"乡村易购"、中国邮政的"邮掌柜"等等，都实现了不错的业绩，企业、农村、农民实现了三方共赢。贵州省曾经是中国最为贫困的省份之一，贫困率从 30% 左右降到了如今的 8%，电子商务带动地方产业发展起到了重要作用。2018 年，世界银行行长金墉率世界银行考察团在贵州省贵阳市考察了农村电商、养老产业以及大数据发展等情况。金墉表示，这类做法值得世界其他国家，尤其是发展中国家和最不发达国家学习。

第三节 国际社会通力合作应对减贫问题

贫困是世界各国面临的共同问题，消除和缓解贫困是国际社会的共同责任。21世纪初以来，在联合国主导下，国际社会制定和实施了《联合国千年发展目标》和《联合国2030年可持续发展议程》，推动11亿人脱贫、19亿人获得安全饮用水、35亿人用上互联网，还将在2030年实现零贫困。虽然全球总体上实现了千年发展目标的减贫目标，但是世界减贫速度和程度并不平衡。撒哈拉以南非洲和南亚生活着大量绝对贫困人口。全球贫困现状表现出贫困分化日益严峻、贫困状况恶化、落后地区人口增速较快、绝对贫困和相对贫困并存等问题。

解决贫困问题，不仅是发展中国家和最不发达国家面临的最迫切的问题，更是全球经济可持续发展的基础；不仅是保障最脆弱群体的基本生存权的人道援助，更是促进经济发展、社会公平和全球安全的保障。从经济角度看，受援国贫困减少和经济发展可以促进自身和援助国的经济发展。国家不论大小、强弱、贫富，都应该相互帮助，既把自己发展好，也帮助其他国家发展好。大家都好，世界才能更美好。从公平角度看，当前造成饥饿的主要原因并非产量不足而是一些人无法获得粮食。减贫需要针对最脆弱的群体设计和实施社会保障，为小农经济等生产性行业创造发展条件，让全球生产力提升和经济发展的好处普惠全球人民。从安全角度看，贫困可能引发疾病、恐怖主义、地区冲突等问题。各国携手减少贫困，可以有效促进全球和地区和平、安全、稳定。

第一，世界对中国的帮助。中国脱贫攻坚取得决定性进展，力度之大、规模之广、影响之深，前所未有，这其中离不开与国际社会的合作。中国政府通过与国际社会开展扶贫合作，学习了其先进的反贫困理念、丰富的反贫困经验和科学的反贫困方法，推动了中国扶贫开发事业的发展。1982年至1987年间，世界银行学院与中国多所大学合作，为数百名官员和专业人员进行了管理技能培训。同时中国政府同国际组织合作进行了一系列社会综合性、技术援助性的扶贫开发项目。世界银行从20世纪90年代开始，在中国的深度贫困地区，开展了若干个大规模、综合性、难度大的项目。项目主要通过建设基础设施、提供小额信贷、劳动力转移就业培训、教育医疗援助、土地与农户开发等综合措施，增加粮食产量和农民收入，稳定解决贫困人口的温饱问题，促进项目区经济社会的协调发展。联合国开发计划署也在中国开展了一系列扶贫工作，如提供小额信贷以及技术援助或指导帮助贫困户脱贫，帮助政府制定向贫困户倾斜的政策等。中国政府还同国际农业发展基金以及德国、英国、日本政府发展援助机构等合作实施综合性扶贫开发项目。

第二，中国对世界的贡献。从解决饥饿、实现温饱，到摆脱贫困、实现共同富裕，中国从学习者到推动者，在帮助比中国贫穷的国家脱贫方面积极发挥作用。60多年来，中国共向166个国家和国际组织提供了近4000亿元人民币援助，派遣60多万援助人员，其中有700多人为他国发展献出了宝贵生命。中国先后七次宣布无条件免除重债穷国和最不发达国家对华到期政府无息贷款债务。中国积极向亚洲、非洲、拉丁美洲和加勒比地区、大洋洲的69个国家提供医疗援助,先后为120多个发展中国家落实千年发展目标提供帮助。[1]

消除贫困,自古以来就是人类梦寐以求的理想,是各国人民追求幸福生活的基本权利。如何找到一条适合自身、富有成效的减贫道路,是广大发展中国家面临的重要任务。中国反贫困斗争取得的巨大成就、成功经验,谱写了人类反贫困史上的辉煌篇章,为世界提供了中国方案。非盟委员会主席法基表示,中国发展经验值得整个世界借鉴,特别是对于非洲这样渴望推进经济和社会发展的地区。

一是分享中国经验。减贫经验分享是开展国际减贫合作的重要途径之一。实践证明,各国之间开展的以扶贫为主题的论坛研讨、人员互访、能力建设、政策咨询、合作研究、信息交流等,对推进全球减贫具有不可忽视的作用。中国国务院扶贫办通过搭建平台、组织培训、项目合作、对外援助、智库交流等多种形式,加强与发展中国家在减贫领域的合作交流,分享中国经验。2005年,中国政府与联合国开发计划署等国际组织联合发起成立的国际性发展援助机构——中国国际扶贫中心,以"交流扶贫经验、推进减贫进程、组织应用研究、促进政策优化、加强国际交往、推动国际合作"为根本宗旨,致力于总结、研究、交流并推广世界各国的减贫经验,促进国际社会在减贫领域的交流与合作。先后举办了"中国扶贫经验国际研修班""亚洲国家扶贫政策与实践官员研修

---

[1] 习近平:《携手消除贫困 促进共同发展》,载《人民日报》,2015年10月17日,第2版。

班""非洲国家扶贫政策与实践官员研修班"等多批次交流培训，采用理论讲解、经验介绍、案例分析、实地考察、参与式讨论等方式，特别是通过对中国陕西、广西、江苏、甘肃、湖北、内蒙古等省区的扶贫开发整村推进、劳动力转移就业培训、扶贫移民搬迁、产业化扶贫、退耕还林还草、小流域综合治理、连片开发减贫等扶贫开发项目的考察，提高了学员的理论水平和政策设计能力。中央党校（国家行政学院）也开展了一系列针对减贫的国际交流项目。2019年，"中国与世界"对话项目以"全球可持续发展——反贫困"为主题，邀请国内外学者、国务院扶贫办官员和集中连片特困地区的县委书记展开对话，交流思想，碰撞智慧，为减贫工作提供智力支持。2014年至今，中央党校（国家行政学院）还借助"讲好中国故事主题沙龙"平台，集聚中外专家资源，采取主题讲述、嘉宾点评、听众提问等相结合的开放和互动方式，向来自世界各大洲的听众和外国驻华外交官宣介中国，其中多期沙龙涉及中国的减贫理论和实践，探讨如何攻克贫困等世界性难题。

二是中国政府提供资金和技术等减贫援助。中国在致力于自身消除贫困的同时，始终积极开展南南合作，力所能及地向其他发展中国家提供不附加任何政治条件的援助，支持和帮助广大发展中国家特别是最不发达国家消除贫困。重点支持其他发展中国家促进农业发展，提高教育水平，改善医疗服务，建设社会公益设施，并在其他国家遭遇重大灾害时及时提供人道主义援助。

医疗卫生方面，中国对发展中国家开展医疗卫生项目援助。例如中国扶贫基金会和澳门乐善行于2007年5月联合启动了"非洲地区贫困母婴援助计划",通过援建医院、捐赠医疗设备、派遣医疗队和培训当地医务人员等方式提高非洲地区贫困母婴的保障水平。

农业科技方面,中国向发展中国家派遣农业专家和农业技术组,在农业技术推广,农产品加工、销售及流通等领域开展培训,并且就粮食安全、农村发展与减贫、南南农业合作等宏观政策制定层面提供建议。

能力建设方面,中国在发展中国家建立减贫示范基地。由中国国际扶贫中心与坦桑尼亚政府计划委员会合作在坦桑尼亚莫罗戈罗省基罗萨县佩雅佩雅村组织实施的农村社区发展示范项目,是中国国际扶贫中心在非洲建立的第一个村级示范项目。项目内容包括能力建设、技术培训、农业示范、小型加工和微型灌溉、村级基础设施建设等,旨在通过农业和农村发展实现减贫,为坦桑尼亚乃至非洲提供学习中国减贫经验的实践案例和实地交流平台。

佩雅佩雅项目村热烈欢迎中方代表。

附录

中国脱贫攻坚的
典型案例

近年来，中国各级政府和社会各界不断探索新时期脱贫攻坚的有效途径，涌现了一大批打赢脱贫攻坚战的成功案例。本书选择了九个脱贫成功案例，这些案例较好地反映了近年来贫困地区脱贫致富的变化，体现了近年来中国在扶贫领域的实践成果和经验做法，具有较强的示范意义和借鉴价值。

附录　中国脱贫攻坚的典型案例

案例一　不忘初心率先脱贫：
　　　　河南省兰考县脱贫摘帽

　　河南省开封市兰考县是焦裕禄精神[1]的发源地，2014年习近平总书记两次到兰考指导工作，兰考县委、县政府郑重许下了"三年脱贫、七年小康"的承诺。几年来，兰考县以脱贫攻坚统揽经济社会发展全局，2016年底贫困发生率降至1.27%，2017年3月成功脱贫，成为河南省首个摘帽的贫困县，兑现了向习近平总书记所作的承诺。兰考县多措并举，走出了一条精准扶贫之路。

　　第一，扎实开展驻村帮扶。2014年，兰考县成立驻村扶贫工作领导小组，实行县级领导分包乡镇（街道），科级干部当队长、科级后备干部当队员的驻村帮扶机制。从县、乡两级选派345名优秀干部，调整充实115个驻村帮扶工作队，派驻到全县115个贫困村；2016年又从各乡镇（街道）明确335名优秀干部入驻非贫困村，专职从事基层党建和扶贫工作，确保每个贫困村都有帮扶工作队、每个贫困户都有帮扶责任人，村村有脱贫规划、户户有脱贫措施，切实做到不脱贫就不脱

---

[1] 焦裕禄精神：焦裕禄同志在河南省开封市兰考县担任县委书记期间体现出的"亲民爱民、艰苦奋斗、科学求实、迎难而上、无私奉献"的精神。

钩。县扶贫开发领导小组不定期开展明察暗访，重点检查驻村队员考勤、脱贫规划制定、工作台账推进等情况，确保每名驻村干部在农村住得下、干得好、有发展。

第二，务求精确识别。2015年以来，兰考县委、县政府先后开展了多次精确再识别，对全县的贫困人口、贫困程度、致贫原因等进行摸底排查，为因村施策、因户施策、因人施策提供了依据。对识别出来的贫困户分类细化致贫原因，为贫困户量身制订帮扶措施。

第三，扶持产业发展，夯实脱贫基础。在全省率先建立"先拨付、后报账、村决策、乡统筹、县监督"的资金分配运行机制。2015年县财政拨付1150万元，2016年又拨付1245万元作为产业扶贫资金，列支1000万元产业发展资金，支持乡镇特色产业示范园、创业园发展，吸纳农村贫困劳动力就业。发挥金融撬动作用，将财政资金和金融资金有机结合起来，探索建立政府、企业、银行、保险"四位一体"的金融扶贫模式。

第四，开展保险、医疗、教育救助，实现稳定脱贫。针对全县2.3万还没有实现稳定脱贫的贫困人口，县委、县政府重点在保险、医疗、教育三个方面给予帮扶。拨付1000万元对所有建档立卡贫困人口的财产、人身、产业三大类进行保险，防止因病、因灾返贫现象的发生，确保脱贫路上"零风险"。抓好特困群众的新农合参保工作，对贫困人员实施筹资减半、对需要政策兜底的特困人员实行全免；将贫困人口全部纳入重特大疾病救助范围，进一步降低贫困人口大病费用实际支出；对新农合和大病保险支付后自付费用仍有困难的，加大医疗救助、慈善救助等帮扶力度，切实缓解"因病致贫"问题。同时实施政策兜底，确保不落一人。对60岁以上的贫困人口，发放新农保每人每月80元；对达不到60岁的兜底户中的贫困人口，县财政拿出1000万元设立临时救助基金，每人每年救助1000元。同时，坚持城乡统一标准，兼顾城区弱势群体，实现脱贫路上不落一村、不漏一户、不少一人。为改变贫困户家庭基本面貌，树立生活信心，对未脱贫的贫困户和需要政策兜底的贫困户，按照"五不五有"（不能住危房，要有大门和围墙；不能没门窗，要有玻璃和纱窗；不能没家具，要有床柜和桌椅；不能没家电，要有有线电视和电扇；不能脏和乱，环境要有大改变）的标准，开展了社会扶贫，对其基本生活、居住条件、家庭环境等方面重点予以帮扶。

第五，完善机制，巩固脱贫成果。建立完善了"一二三"精准脱贫验证机制，并在全县全面推开，确保全县的脱贫成效经得起社会各界的盘点。"一暗访"，即县里每季度派出暗访组，对有脱贫任务的所有行政村进行暗访抽查，重点检查驻村帮扶工作队和包村干部履职帮扶情况，暗访县直单位行业扶贫工作情况、乡镇（街道）对脱贫攻坚重视情况。"二公示"，即每季度对扶贫对象认定情况在村内张榜公示，每次公示时间不少于7天，防止贫困人口遗漏；对扶贫对象的收入情况也进行公示，扶贫成效让群众算账、认账。做到"扶持对象精准""脱贫成效精准"。"三对照"，即县、乡、村、驻村工作队四级工作台账及扶贫措施相对照；行业扶贫、社会扶贫效果与贫困村贫困户脱贫成效相对照；暗访情况、公示内容、扶贫工作台账与信息化公开评估结果相对照。

案例二 积极创新扶贫模式：
　　　　福建省宁德市赤溪村"弱鸟先飞"

　　福建省宁德市赤溪村，位于福鼎市磻溪镇东南部，与霞浦相毗邻，距福鼎市区65公里，离集镇23公里，位置偏僻，交通不便，是一个少数民族（畲族）行政村。30年前，赤溪村是典型的老、少、穷村。20世纪80年代末，习近平同志任宁德地委书记期间，就把脱贫致富工作放在极其重要的位置，大力倡导"滴水穿石"的闽东精神、"弱鸟先飞"的进取意识，带领闽东人民战天斗地，矢志摆脱贫困，翻开了扶贫开发事业的新篇章。90年代初，宁德市率全省之先开展了搬迁扶贫"造福工程"；90年代中期以后，又大力实施"八七扶贫攻坚"，加大对贫困乡村水、电、路等基础设施投入。21世纪以来，赤溪村大力开展了整村推进扶贫、"造福工程"搬迁扶贫、小额信贷扶贫、培训扶贫等，贫困面进一步下降。作为改革开放以来党和国家扶贫事业的第一批"试验田"、第一批受益者，赤溪村30多年的扶贫历程和巨大变化，是新时期中国扶贫开发事业的一个缩影，也为后人积累了宝贵的经验。

　　第一，立足资源优势，造就旅游强村。赤溪村地处世界地质公园、国家5A级风景名胜区——太姥山西南麓，具有青山、绿水、茶叶、竹木、溪水、矿藏等优质的生态资源和畲族特色的人文资源。为此，赤溪村主动融入"环太姥山旅游经济圈"，引进万博华、耕乐源等旅游公司，投资 7800 多万元建设旅游景区，开发生态（峡谷）运动乐园、七彩农场、野趣园等旅游项目，积极打造"全国旅游扶贫试点村"品牌。

第二，改善交通，"拔掉穷根"。赤溪村村民为克服跋山涉水、徒步肩扛手提的生活困境，改善地理位置偏远、交通不便的不利条件，在历届各级党委和政府的支持和努力下，于 1993 年修通了第一条可通车的土路，村民告别了"走山路"的历史，基础设施逐步好转。为改变赤溪村村民生在山区，活在"茅草屋、木瓦屋"的状况，改善生活条件，赤溪村施行搬迁扶贫"挪穷窝"，使得村民生存环境得以改善，并不断

赤溪村风貌

完善基础设施，让赤溪村面貌焕然一新。

第三，针对贫困户致贫原因，分类施策。按照"五因五缺"（即因病、因残、因学、因灾、因偏远，缺技术、缺资金、缺劳力、缺动力、缺市场）分类法，建立"已脱贫群众"巩固提高帮扶、"发展缓慢群体"综合保障帮扶、"发展缺动力群体"思想动员帮扶、"失去劳动力群体"最低生活保障等机制，从帮助制订脱贫计划、落实帮扶资金、解决就业、发展致富项目、推销农产品等方面，着力提高脱贫精准度。大力推进医疗"海云工程"，用低成本方式预防治疗疾病，防止贫困户因病返贫、农户因病致贫。组建了一支帮扶特困户的志愿者队伍，常态化开展志愿活动。建立贫困户因灾致贫救助、子女就学帮扶、大病补助等差别化保障制度。

第四，兼顾当前和长远，加强基础教育和创业就业指导。注重长远，坚持办好基础教育，培养脱贫致富新生代，避免隔代贫穷，援引各方捐资200多万元建设赤溪小学，开办幼儿园，成为全市配套最完善的村级完小校之一；着眼于当前，成立青年农民创业就业指导中心、大学生创业示范点、农业技术服务队，对接金融部门信贷服务，引导村民发展特色种养、农家乐等创业致富项目，尤其是对接旅游市场，传承"凤凰节"、篝火歌舞等民族传统文化，发展畲族特色商品、餐饮及民宿，让畲族同胞在推动发展中增加收入、提升民族自豪感。此外，还成立妇女中心、青年中心、老人活动中心等，完善宽带网络、广播电视、农家书屋、扶贫历史展示厅、生态文化主题公园等设施，丰富群众文体生活，开拓脱贫致富视野。

案例三　完善精准扶贫机制：
　　　　贵州省的"第一民生工程"

贵州省是全国贫困人口最多、贫困面最大、贫困程度最深的省份，是中国扶贫攻坚的主战场、示范区和决战区。贵州省坚持把脱贫攻坚作为重中之重和"第一民生工程"来抓，成为中国扶贫攻坚的示范区，为中国扶贫攻坚探索了可信可行、可学可用、可复制、可推广的"贵州经验"，创造了精准扶贫的"贵州模式"。

第一，精确识别扶贫对象。除了考虑最为直接的收入指标外，还在机制创新中将其他维度指标融入进来。贵州省在扶贫工作实践中，总结出了"一看房，二看粮，三看劳动力强不强，四看家中有没有读书郎"的"四看法"。"四看法"扶贫对象识别模式从多维贫困的角度测算出省域内的贫困人口，既在操作上比较可行，又获得了较高的精准度，具有较大的借鉴价值。

第二，精准划分扶贫对象类型。根据扶贫对象的基本情况和发展需求，对扶贫对象进行类型划分。贫困人口规模越庞大，扶贫对象发展需求的差异性越明显。各地建档立卡贫困户的发展需求差异性是客观存在的，这就给扶贫措施与精确识别结果衔接带来了挑战，从某种程度上导致了扶贫项目针对性不强、"大水漫灌"的低效现象。在实施贫困问题精准干预过程中，贵州省根据建档立卡贫困户的基本情况和发展需求，对扶贫对象进行了不同类型的划分，为扶贫措施与扶贫对象发展需求衔接提供了信息基础。

第三，精准实施扶贫项目。扶贫资源到村到户是改变以往扶贫项目"大水漫灌"低效的重要方向，这也是实施精准扶贫的基本要求。贵州省改进扶贫项目实施方式，集中力量实施"六个到村到户"，确保扶贫实效。一是结对帮扶到村到户。与同步小康驻村工作结合起来，组建同步小康工作队，发挥3万名驻村干部的积极作用。鼓励各类企业、社会组织和个人以多种形式与农户建立利益联结机制，完善对口帮扶和定点帮扶长效机制。二是产业扶持到村到户。根据群众意愿选择项目，实行规划到村、项目到户、增收到人，加快形成一批特色优势产业村、种养户，把扶贫资金真正落实到每村每户的产业项目上。三是教育培训到村到户。抓好农村劳动力就业技能培训、岗位技能提升培训和创业培训，着力培养贫困地区农村特色产业示范带头人、科技种植养殖能手、农民经纪人。四是农村危房改造到村到户。采取集中和分散相结合，视家庭收入情况、人员构成，合理确定改造面积和资金投入，逐村逐户建立档案，让困难农户真正受益。五是扶贫生态移民到村到户。坚持农民自愿、先易后难、突出重点、鼓励探索的原则，积极稳妥，稳扎稳打，让每一户搬迁群众都"搬得出、留得住、能就业、有保障"。六是基础设施到村到户。加快建设小康路、小康水、小康房、小康电、小康讯、小康寨，推动基础设施向乡镇以下延伸。

第四，精准掌握扶贫情况。实行责任、权力、资金、任务"四到县"制度，增加县级部门扶贫资源配置权，调动县级政府扶贫工作的积极性，提高工作效率，促进扶贫资源与扶贫对象需求衔接。资金安排权力到县后，省、市层级政府与县级及以下政府之间关于扶贫资金项目的信息不对称程度增加，上级政府对基层政府扶贫资金项目相关的监管和有效评估难度也相应增加。针对这一问题，贵州省探索实施"扶贫云"监督管理系统，通过"扶贫云"的各类展示平台，上级部门能实时全面掌握各基层政府精准扶贫情况，为有效监督与评估提供技术支持。

案例四 探索扶贫新思路：
广东省湛江市企水镇"电商扶贫"

广东省湛江市企水镇田头村、塘头村自然条件适宜种植优质圣女果、香瓜、火龙果、花生、芝麻等农作物，并出产优质的黑山羊和海产品。但由于缺乏市场，资源优势一直未能转化为发展优势。驻村扶贫干部引入时下最新的电商销售模式打开产品市场，并将网店覆盖范围拓展到整个湛江地区扶贫村，帮助湛江的 95 个贫困村拓宽农产品销售市场，提升产业效益。经过一年多时间，田头村、塘头村集体经济从 0.3 万元升至 30.26 万元，贫困户年人均收入从 1933 元升到 9736 元。湛江驻村扶贫开发专营店三大电商销售平台实现直接经济效益600多万元，切实激活了农村市场，增加了农民收入，提高了整体扶贫工作水平。

第一，精心培育，"电商扶贫"在探索中发展。在中央高度重视扶贫工作、全省大力实施扶贫开发政策的背景下，农业农村经济得到蓬勃发展，农产品种植规模更是不断扩大，市场销路成为需要考虑的焦点问题。驻村干部提出，要走市场化道路，要种植适销对路的农产品，打造产销一条龙的产业链。2014年塘头村淘宝店正式上线，在不到半年的时间里，帮助村民销售农副产品1.33万公斤，实现收入近20万元，利润近3万元，一举改变了当地农副产品"丰产不丰收"的被动局面，开拓了扶贫新思路。

第二，以市场为导向，"电商平台"打造优势农产品品牌。在探索"电商扶贫"工作中，始终坚持市场导向。驻村工作队牵头组建了由19名驻村干部组成的运营团队，负责湛江驻村扶贫开发专营店的运营。驻村工作队充分发掘"红土地"上产出农产品独特、优质口感的潜力，确定了一批具有浓郁地方特色的主推产品，并对有关产品进行深度加工包装，提升了产品的市场形象，增强了产品的市场竞争力。市场打开以后，开展种养的贫困户尝到了甜头，积极扩大生产规模，其他贫困户纷纷效仿。通过网店打开市场，利用市场拉动产业，大大促进了农民自主生产致富。田头村、塘头村95%贫困户参与了主导产业圣女果的种植，单这一项产业就助力贫困户人均增收2748元。

附录　中国脱贫攻坚的典型案例

黑山羊、大青枣等土特产摆上微店。

第三，利用 O2O 模式（Online To Offline，即线上到线下），"电商扶贫"推动农业转型升级。网店打开市场的同时，更重要的是实现了线上线下 O2O 的发展模式。"电商扶贫" O2O 模式，就是将线上的消费者带到现实的商店中去，吸引更多的人线上支付、线下体验。"电商扶贫" O2O 模式，一是实现了农产品电商的"轻资产"；二是通过多种体验渠道，让顾客全方位感知产品的独特优势，驻村工作队正是利用这些渠道将天津的收购商引入塘头村千禧圣女果种植线下基地，达成了采购意向；三是使种植户直接掌握终端市场信息，指导、调整生产和销售。

第四，强化培训指导，大力培养"电商扶贫"接班人。为帮助村干部、村民牢固树立脱贫之志，努力掌握"电商扶贫"之技，继续深入发展"电商扶贫",真正学会自己"造血",按照"走出去、请进来"的方式,定期组织开展实用性、接地气的电商培训,为"电商扶贫"发展提供了人才和技术保障。

第五,巩固"电商扶贫"成果,建立稳定脱贫长效机制。目前,"电商扶贫"已经实现规范运作,推动村民继续扩大种植规模,带动塘头村开展高标准农田水利改造和滩涂沙地建设改造,打造高标准农业生产、储存、加工基地,建立以北运蔬果、供港蔬菜为目标的"互联网+种植储存加工基地+合作社(公司)"产业链,进一步提高村民收入,建立稳定脱贫长效机制。

案例五 农旅结合扶贫开发:
广西壮族自治区瑶族自治县茅厂屋"绿色崛起"

中国大部分贫困地区拥有丰富的传统旅游资源和现代旅游资源,因此在脱贫攻坚和推进社会主义新农村建设中,实施农旅结合,通过发挥农业与旅游的关联效应,有效解决农业产业结构转型升级,对促进农民收入倍增具有重要意义。近年来,广西壮族自治区富川瑶族自治县结合县扶贫开发实际,抢抓机遇,深入挖掘福利镇茅厂屋村资源优势,"以农兴旅,以旅富农",探索出一条农旅结合、推进新农村建设的新型开发式扶贫道路,使福利镇茅厂屋村从穷山村华丽转型为"产业型新农村"和脱贫致富的一颗明星。

第一,开拓乡村旅游新区。以前的茅厂屋村只是一个偏僻、贫穷的小山村,收入来源仅靠玉米、水稻等单一、粗放种植的农业产业,人均收入不足 1000 元。2007 年,福利镇党委、政府决定对茅厂屋村实施扶贫开发、新农村建设和生态旅游开发。福利镇充分盘活茅厂屋村周边旅游资源,通过板块化布局、区域化联动、整合式推进,着力打造景区依托型乡村旅游示范区。随着以生态、高值、循环为理念的富川神仙湖生态果蔬示范区、神仙湖花海一期工程、神仙湖生态休闲园等旅游新区的建成,茅厂屋村初步形成了赏花、游湖、登山、采果、摘菜的乡村休闲养生度假旅游新格局,为发展农旅经济奠定了坚实的基础。

第二,推动产业发展多样化。围绕旅游扶贫战略,科学谋划布局产业结构,大力发展烤烟种植、果蔬种植、瘦肉型猪养殖和农家乐服务业等四大特色产业,引导群众依托景区及相关产业链就业创业、脱贫致富。一是引导村民发展农家乐经济。出台相关奖励政策,鼓励村民在自家房屋或出租房屋开展餐饮、住宿等经营活动。二是发展生态高值农业。突出生态功能和科教功能,鼓励和引导茅厂屋村发展起户均建有一座沼气池、户均拥有 8—15 亩果(菜)园、户均养殖 200 头瘦肉型猪的"猪—沼—果(菜)"生态观光农业经济,实现了传统农业的功能、效益转型。三是带动零售服务经济。神仙湖生态休闲园建立以来,特别是神仙湖花海开园以来,部分农户坐拥景区,销售玉米、红薯、橘子、土鸡蛋等土特产，利用果园、菜园开展游客现采果蔬现买服务。四是推动就地务工经济。景区的建设、管护提供了大量务工岗位，村民在家门口就可以获得工资收入。

第三，发挥基层党组织作用，促进管理民主。为充分发挥基层党组织在推进农旅结合扶贫开发中的作用，茅厂屋村在自然村建立了党支部，实施党建产业示范带创建工程。根据产业结构布局，将茅厂屋村党支部划分为农家乐党小组、丰水梨党小组、草莓种植党小组、瘦肉型猪养殖党小组、脐橙种植党小组、无公害蔬菜种植党小组、景区开发与保护党小组等7个产业党小组，并由党小组领建新农村建设促进会、村事理事会、感恩教育会、瘦肉型猪养殖协会、丰水梨种植协会、乡村旅游协会，实施产业帮扶，促使党员群众创新思路搞经济、凝心聚力谋发展，切实发挥了基层党组织的战斗堡垒作用和党员的双带作用，推进了民主管理。

案例六　科技为脱贫赋能：
　　　　湖北省英山县"科技挺进大别山"

湖北省英山县位于湖北省东北部的大别山腹地，面积149平方公里，人口40万，是一个典型的交通不便、信息闭塞、资源匮乏、田瘠地贫的国家级贫困县。自1986年国家倡导实施"科技挺进大别山"活动以来，国家科技部在英山县连续开展科技扶贫30多年，以扶贫产业为落脚点，以提升贫困乡村和贫困人口自身发展能力为主线，突出科技的特色，帮助英山县实现了经济社会可持续发展。如今，英山县成为"全国第四、湖北第一产茶大县""全国思想道德建设先进县""湖北生态旅游强县"和"新农村建设先进县"。

英山县茶园

第一，发展壮大特色产业，提高产业脱贫带动能力。在深入调查研究的基础上，科技部最早锁定茶叶产业作为扶贫的突破口和切入点，重点支持其成长为当地经济发展、农民增收的主导产业。在扶贫团和专家的指导下，英山县围绕茶产业进行了一系列技术革新，引进新品种，示范新技术，开发新产品，拓展新市场，带动英山茶产业逐步壮大，茶农的收入也不断提高。茶园面积由 30 年前不足 3 万亩增加到 2015 年年底的 23.48 万亩，亩平均收入由 30 年前可比价 200 多元增加到 4800 元，产品类别由 100% 普通低档绿茶增加到名特优茶份额占到 40%。如今，英山县 8 万多农民从事茶叶生产，茶叶系列产品收入超过 14 亿元，财政收入的 30% 和农民纯收入的近 40% 都来自茶叶。与此同时，中药材、板栗、蚕桑等涉及农民多、市场需求旺的产业也在科技部的支持下成为当地农民的重要收入来源。

第二，提高农民科学文化素质，培养脱贫致富带头人。30 多年来，围绕提高农民素质和致富技能所开展的活动从未间断。历届科技部扶贫团通过邀请专家主办专题讲座、开展远程培训、引进专家现场指导、选派技术骨干进入高校学习、组织外出考察学习等方式提高英山县农民的文化素质和技术水平。长期的科技扶贫努力日益显现出明显效果，成为农民脱贫致富的"持久动能"。

第三，建设服务本地的人才队伍，完善基层科技服务体系。每年，各级科技部门围绕扶贫产业向英山县选派科技特派员 50 人，和本地农技人员共同组成 90 人的科技服务团队，直接服务贫困乡村和贫困群众。

案例七　贫富地区对口帮扶：
上海—云南"东西协作扶贫"

自 1996 年中央确定上海与云南开展对口帮扶合作以来，沪滇帮扶合作累计实施帮扶项目 7527 项，投入各类帮扶资金 32.6 亿元，项目覆盖云南省滇西边境山区、乌蒙山片区、石漠化地区和迪庆藏区 30 多个县，解决了 60 余万贫困人口的基本温饱问题，受益群众达 150 余万人。沪滇两省市围绕帮扶地区群众最关心、受益最直接、要求最急迫的问题开展工作，使对口帮扶合作不断创新模式、机制和举措，形成了"政府援助、人才支持、企业合作、社会参与"的工作格局，树立了东西扶贫协作脱贫的典范。

第一，对口帮扶，机制创新。一方面，分层次建立对口帮扶合作机制，明确帮扶责任。省市、州市县区、部门三个层次建立对口帮扶合作机制，由上海 14 个区县对口帮扶云南 4 个州市 26 个重点县，同时将保山、西双版纳两个州市作为重点经济合作区域，双方组织、教育、卫生、招商、民政等 20 余个部门开展对口合作。另一方面，加强智力帮扶，提供人才保障。上海方面先后选派多批援滇干部到四州市挂职，负责帮扶项目的规划、实施与推进；开展"青年志愿者接力行动"，选拔应届大学生、研究生参加服务西部计划；针对教育、卫生、金融、园区管理等重点领域进行培训。

第二，产业帮扶，引领示范。自 1996 年来，上海投入产业帮扶资金 3.77 亿元（包含在总帮扶资金中），以培育致富带头人、专业合作社为抓手，加大特色优势产业培植，建立贫困村滚动发展的产业帮扶长效机制，引导贫困群众逐步走上自我发展道路。沪滇合作搭建的特色农产品经销平台成为助力云南高原特色农业发展的重要窗口。云南连续多年组团赴沪参加上海特色农产品交易博览会，上海西郊国际农产品展示直销中心云南馆推介的蒙自石榴、昭通苹果、普洱茶、蒙自米线、墨江紫米等云南高原特色农产品深受上海市民喜爱。目前，上海云南大厦高原特色农产品展示厅建设也在积极推进中。

在对口帮扶合作中，沪滇双方把产业培植作为对口帮扶的重点，推行"公司+基地+农户"模式，培植了以光明集团云南石斛公司为代表的一批产业扶贫龙头企业，探索了新形势下农村富余劳动力就近转移

云南 13 个州（市）特色农产品，亮相 2018 年上海市对口帮扶地区特色商品展销会。

就业和产业帮扶新模式，实现了由传统单一产业培植到发挥优势、规模发展、种养加一体化的特色农业扶持的转变。比如，2013年，光明食品集团云南石斛生物科技开发有限公司在普所龙村租赁30.4亩土地，投资建立光明石斛示范园，以"公司+基地+农户"的模式经营管理。此外，在文山壮族苗族自治州、西双版纳傣族自治州、普洱市、保山市等地，该公司还建立了10个近百亩的"光明石斛示范园"。

第三，民生帮扶，夯实基础。自1996年来，上海市共投入帮扶资金10.1亿元（包含在总帮扶资金中），实施398个民生领域帮扶项目，实现了由援建希望学校到教育、医疗卫生等领域的覆盖。沪滇帮扶项目从最初的安居工程、温饱示范村的建设，到整村推进新纲要试点村，发展到现在的"整乡规划、整村推进"帮扶模式，为促进云南省脱贫攻坚进程起到了较好的示范引领作用，民生帮扶帮出了深度。

案例八　搬迁与脱贫同步：江西省修水县"搬出一片新天地"

易地扶贫搬迁是指对地处深山区、库区、地质灾害频发区，就地脱贫难度大、成本高的贫困群众，按照群众自愿、规模适度、梯度安置的原则，有序引导贫困人口向市区、工业园区中心镇或中心村搬迁转移，帮助贫困人口实现脱贫。

江西省九江市修水县是一个山区农业大县，素有"八山半水一分田、半分道路和庄园"之称，也是国家扶贫开发工作重点县和省定特困片区县。2003年，江西省委、省政府将修水县列为全省深山区、库区扶贫搬迁工作试点县，要求修水县探索深山区易地扶贫搬迁的模式。修水县以突出解决好搬迁安置问题为重中之重，以推动科学发展、促进社会和谐为基本方向，以保障和改善民生为根本出发点和落脚点，积极探索，大胆实践，扎实推进搬迁工作。通过十多年的努力，经历了从投亲靠友分散安置到有土地集中安置两个阶段，至2012年年底共搬迁1.2万户6.2万人，建立安置小区281个，为改善贫困群众的生产生活条件发挥了积极作用。

第一，政府引导，群众自愿，着力探索易地扶贫搬迁、城乡一体化的新路径。修水县成立了以县委书记为组长、县长为第一副组长的工作领导小组。领导小组下设"一办十组"（即综合办公室、搬迁安置组、土地山林流转组、社会保障组、安置房建设组、土地整理复垦组、县域规划组、资金整合组、户籍管理组、宣传组、社区管理组），集中办公，并将这项工作纳入年度目标管理综合考评。在新一轮机构改革中，修水县精减压缩其他机构，新设"山区村民整体搬迁办公室"，强力推进搬迁工作。出台了《关于推进整体移民搬迁加快城乡发展一体化工作意见》及《实施细则》等10个配套文件，形成了推进整体移民搬迁的主要政策框架。与此同时，出台了规范农民建房、推进土地流转、村庄整治提升等辅助性文件。按照"四级程序"（农户申请、村组申报、乡镇审核、县级审批）确定整体搬迁试点村组。

第二，全域规划，三级联动，着力构建易地扶贫搬迁、城乡一体化的新格局。从观念和思路上打破城乡二元结构的思维定式，从规划上重新审视和布局移民搬迁安置与县域经济发展。一是编制《修水县城乡发展一体化规划（2013—2050 年）》，合理安排县域城镇建设、农田保护、产业聚集新村建设、生态涵养等空间布局，以全域规划推进工业向园区集中、人口向城镇集中、土地向适度规模经营集中；构建以县城中心城区为核心、两个市级示范镇为副中心、4 个县级示范镇为节点、28 个一般集镇为补充、134 个中心村为网格的城乡一体空间体系。二是在人口布局上实行"三个三分之一"。到 2020 年，实现全县农村人口"三分之一进县城、三分之一到集镇、三分之一在农村"的分布格局，县城建成人口规模达到 30 万左右的中等城市。

第三，综合推进，着力增强易地扶贫搬迁、城乡一体化的新动力。以土地产权制度改革为核心，按照"两分两换六联动"的路径，确保移民搬迁后有住房、有就业、有保障、有户籍。"两分"是指移民宅基地与承包地分开，搬迁与土地、山林流转分开。"两换"是指以宅基地换住房、以耕地承包权和山林经营权换保障。"六联动"是指联动推进就业保障、户籍制度、社会管理、涉农体制、金融服务、公共服务六项改革。

第四，整体搬迁，梯度安置，着力打造易地扶贫搬迁、城乡一体化的新载体。将深山区、库区、地质灾害区、洪涝灾害区、生态保护区等符合搬迁条件的地方纳入搬迁范围，按照"整村、整组、整自然村"的顺序实行整体搬迁。根据群众自身意愿，实行县城（园区）、中心集镇、中心村（养老院）三种安置方式。整村搬迁的，采取县城、中心镇、中心村安置方式；以老行政村（片区）或村民小组搬迁的，采取中心镇、中心村安置方式；以自然村或居住点搬迁的，采取中心村安置方式。

案例九　用心做实 用情脱贫：
　　　　四川省乐山市少数民族聚居区的
　　　　脱贫创新之路

四川省乐山市境内的乌蒙山片区、小凉山片区是少数民族聚居区，经济发展水平低，社会事业发展滞后，城乡差距大，贫困问题突出，减贫难度大，要达到乐山全市同步建成小康社会的目标，任重道远。近年来，乐山作为脱贫攻坚主战场之一，在习近平新时代中国特色社会主义思想的指引下，在中央纪委国家监委机关对马边彝族自治县的帮扶下，在社会各界的广泛帮助下，聚焦"两不愁三保障"突出问题，围绕"六个精准"，用心做实，用情脱贫，不断创新脱贫攻坚工作举措，取得了五年（2014—2018年）减贫20余万人的重要成果，推动全市贫困发生率由2014年建档立卡时的9.0%下降至2018年底的0.5%。小凉山彝区在社会性质"一步跨千年"后实现了发展面貌"再跨一千年"。

第一，找准推动"绿水青山"向"金山银山"转变的路径。2016年以来，乐山严格落实主体功能区战略，推动工业集中集约集群发展，规划建设"一总部三基地"[1]，让市内较发达区县与深度贫困区具"联姻"，在生态受益区共建县域飞地园区。通过相对发达地区出土地、出技术、出资金，相对落后地区出要素指标、出矿产资源、出优惠政策，推动重点生态功能区工业企业向"一总部三基地"有序搬迁，从而实现"两地"资源优化配置、合作互补共赢。以"飞地经济"模式，探索出了异地开发生态保护补偿新机制，让重点生态功能区在守护好"绿水青山"的同时也换取了"金山银山"。此外，为进一步探索以生态优先、绿色发展为导向的高质量发展新路子。乐山市峨眉山市发挥生态资源优势，实行"山上山下联动"，在山上实施"两停一下山"[2]，在山下淘汰水泥、电解铝等落后产能，为农夫山泉、竹叶青、华润雪花、仙山中药等清洁生产企业腾出足够的环境容量，形成了以"一桶水、一杯茶、一瓶酒、一盅汤"为主体的高新清净生态经济布局。截至2018年年底，峨眉山市轻重工业比从2015年的3:7优化调整为6:4，工业增加值年均增速达11%，成功将自然生态转化为生态资本。

第二，推动产业扶贫从传统式"输血"向市场化"造血"转变。习近平总书记指出，扶贫开发要坚持因地制宜、科学规划、分类指导、因

---

[1] "一总部三基地"：乐山市于2016年规划建设的新型工业发展园区。一总部，即乐山国家高新区"总部经济聚集区"；三基地，即在五通桥区、犍为县、夹江县规划建设近期42平方公里、远期150平方公里的"全省循环经济示范区""全省临港产业示范区""全省军民融合产业示范区"三个新型工业基地。

[2] "两停一下山"：全面停止建房审批、全面停止农房修建，依法拆除违章建筑，逐步引导群众搬迁下山。

势利导的思路。[1]2017年乐山市绘制发布《适宜种植作物土壤区划地图》，明确47种主要农作物在全市2032个村的适宜种植范围，以"一村一业、一村一品"的方式，引导贫困村因地制宜发展优势特色产业，推动产业扶贫从"依靠经验"向"依靠科学"转变。乐山还创新开展"百企帮百村"，通过实施"交通三年攻坚大会战"[2]等举措改善发展条件，相继引入595家企业全覆盖结对帮扶贫困村，引领农民合作社等新型经营主体，大力发展高标准茶叶、高山蔬菜、道地中药材、特色水果等优势产业，形成了"穷人跟着能人走、能人跟着集体走、集体跟着企业走、企业跟着市场走"的发展链条，带动1.2万户贫困群众获得持续稳定增收。

第三，推动贫困群众从"要我脱贫"向"我要致富"转变。小凉山彝族同胞系"直过民族"[3]，长期形成的听天由命的人生观、得过且过的生活观、靠天吃饭的生产观、多子多福的生育观比较突出。为此，乐山市以彝区高聘金、高礼金"双高"治理为突破口，创新"德古"调解

---

[1] 中共中央党史和文献研究院：《习近平扶贫论述摘编》，北京：中央文献出版社，2018年6月，第62页。

[2] "交通三年攻坚大会战"：2016年至2018年，乐山市开展交通集中攻坚，建成和在建高速公路347公里，新改建县乡公路1212公里、通村公路4271公里，比"十二五"期间分别同比增长40%、137%、59.5%。

[3] "直过民族"：新中国成立后，未经民主改革，直接由原始社会跨越几种社会形态过渡到社会主义社会的民族。

法[1]、亲情工作法[2]、小手牵大手[3]等方式，全力推进移风易俗。创新开展"感恩奋进·我的脱贫路"主题教育，推选脱贫代表现身说法，每年开展巡回演讲1000余场次，引导群众转变观念、奋发脱贫，达到了群众教育群众、感染群众、鼓励群众的效果。针对部分有劳动能力的贫困户"当懒汉"问题，乐山市实施"劳动奖励"治懒病措施。乐山市与西南财经大学合作，借鉴发达国家"负所得税"[4]机制，研究推出"劳动收入奖励"计划，在一定限额内贫困群众挣得越多，政府奖励就越多，有效破解了"干多干少一个样、干与不干差不多"的问题。2018年全市累计发放奖励金4393.77万元，户均奖励金1139元，带动贫困户通过劳动户均增收4333元。

第四，推动人才队伍从"飞鸽牌"向"永久牌"转变。为解决人才紧缺问题，乐山市探索"地方粮票"学历制度，依托地方院校创新开设民族医士班、保教班等，通过定向招生、定向培养、定向上岗方式，每年培养"一村一医（生）""一村一幼（师）"等紧缺型人才300余人，贫困地区紧缺岗位空置率由2017年底的21%下降到2019年5月的9%。乐山市还大力实施"万名优秀农民工定向回引培养工程"，通

---

[1] "德古"调解法：聘请彝族群众中享有较高社会声望的智者担任人民调解员参与矛盾纠纷调解。

[2] 亲情工作法：发动党员干部通过基层夜话、网络对话、家访谈话等方式，常态化深入群众开展政策服务、便民服务和义工服务。

[3] 小手牵大手：通过教育孩子，引导整个家庭养成健康文明的生活习惯。

[4] "负所得税"：政府对于低收入者，按照其实际收入与维持一定社会生活水平需要的差额，运用税收形式，依率计算给予低收入者补助的一种方法。

过打造返乡创业孵化基地、扶持特色产业项目交由农民工领办等方式，打通农民工就业创业绿色通道。目前，已指导4900余名优秀农民工返乡创办企业2230个，培养村级后备干部、"好工匠"2600余人。

第五，推动基层组织由"全面进步"向"全面过硬"转变。习近平总书记指出，农村要发展好，很重要的一点就是要有好的班子和好的带头人。[1]为了解决基层班子软弱涣散的问题，乐山市先后有针对性地出台推进全面从严治党向纵深发展36条意见[2]、加强基层党建26条措施[3]等举措，并加大脱贫攻坚"创新奖""贡献奖""奋进奖""奉献奖"和"乐山好干部"等先进典型的评选表彰和选拔力度。2016年以来县级及以上表扬400余人，选拔优秀村干部进入乡镇领导班子28名。在对该市1984个村两委班子的问卷调查中，群众选择班子成员能力素质"适应"脱贫攻坚工作需要的占75.97%，选择"不适应"的仅为1.17%。

---

[1]《习近平：农村要发展需要好的带头人》，新华网，2017年12月13日，http://www.xinhuanet.com/politics/2017-12/12/c_1122100825.htm。

[2] 乐山市于2017年印发《关于推动全面从严治党向纵深发展的若干意见》，围绕党的政治建设、思想建设、组织建设、作风建设、纪律建设，细化提出36条具体工作举措，形成了乐山市推动全面从严治党向纵深发展的"路线图"。

[3] 乐山市于2018年印发《加强新时代党的基层组织建设二十六条措施》，从责任压实、干部队伍建设、党员队伍建设、基层组织建设、重点工作推进、基础保障6个方面，制定26条具体举措，推动基层党组织全面进步、全面过硬。

参考资料

习近平：《摆脱贫困》，福州：福建人民出版社，2014年版。

习近平：《习近平谈治国理政》，北京：外文出版社，2014年版。

习近平：《习近平谈治国理政》（第二卷），北京：外文出版社，2017年版。

习近平：《在深度贫困地区脱贫攻坚座谈会上的讲话》，北京：人民出版社，2017年版。

习近平：《决胜全面建成小康社会　夺取新时代中国特色社会主义伟大胜利——在中国共产党第十九次全国代表大会上的报告》，载《人民日报》，2017年10月28日，第1版。

李克强：《政府工作报告——2019年3月5日在第十三届全国人民代表大会第二次会议上》，北京：人民出版社，2019年版。

中共中央党史和文献研究院：《习近平扶贫论述摘编》，北京：中央文献出版社，2018年版。

中共中央文献研究室：《习近平关于全面建成小康社会论述摘编》，北京：中央文献出版社，2016年版。

《中国共产党第十九次全国代表大会文件汇编》，北京：人民出版社，2017年版。

《中共中央国务院关于打赢脱贫攻坚三年行动的指导意见》，北京：人民出版社，2018年版。

全国干部培训教材编审指导委员会：《决胜全面建成小康社会》，北京：人民出版社，2019年版。

国务院扶贫办政策法规司、国务院扶贫办全国扶贫宣传教育中心：《脱贫攻坚干部培训十讲》，北京：研究出版社，2019年版。

国务院扶贫办政策法规司、国务院扶贫办全国扶贫宣传教育中心：《脱贫攻坚前沿问题研究》，北京：研究出版社，2019年版。

国务院扶贫开发领导小组办公室：《中国农村扶贫开发纲要干部辅导读本》，北京：中国财政经济出版社，2012年版。

国家行政学院编写组：《中国精准脱贫攻坚十讲》，北京：人民出版社，2016年版。

张占斌、张青：《新时代怎样做到精准扶贫》，石家庄：河北人民出版社，2018年版。

胡富国：《读懂中国脱贫攻坚》，北京：外文出版社，2018年版。

刘永富：《习近平扶贫思想的形成过程、科学内涵及历史贡献》，载《行政管理改革》，2018年第9期。

《"中国减贫经验为发展中国家提供有益借鉴"——国际人士积极评价中国脱贫攻坚和持续改善民生》，载《人民日报》，2019年3月10日。

后记

本书特别约请中共中央党校（国家行政学院）马克思主义学院院长张占斌教授牵头组织撰写。张占斌教授参与制定书稿的写作提纲并负责主要章节的写作；中共中央党校（国家行政学院）张青教授、黄锟教授、王海燕副教授、杜庆昊老师、施蒙老师、史毅博士、高立菲博士、董莹楠老师参与了相关章节写作，杜庆昊老师做了初步统稿工作。书中有关配图得到了中国国际扶贫中心的支持。在此，一并表示衷心感谢！

本书编委会

2019 年 12 月

图书在版编目（CIP）数据

中国共产党领导脱贫攻坚的经验与启示 /《中国共产党领导脱贫攻坚的经验与启示》编委会编著 . -- 北京：当代世界出版社, 2020.3
　　ISBN 978-7-5090-1535-3

　　Ⅰ.①中… Ⅱ.①中… Ⅲ.①扶贫 - 工作经验 - 案例 - 中国 Ⅳ.① F126

中国版本图书馆 CIP 数据核字 (2019) 第 268852 号

书　　名：	中国共产党领导脱贫攻坚的经验与启示
出版发行：	当代世界出版社
地　　址：	北京市地安门东大街70-9
邮　　编：	100009
邮　　箱：	ddsjchubanshe@163.com
编务电话：	(010) 83907332
发行电话：	(010) 83908410（传真）
	13601274970
	18611107149
	13521909533
经　　销：	新华书店
印　　刷：	北京中科印刷有限公司
开　　本：	710毫米×1000毫米　　1/16
印　　张：	12
字　　数：	131千字
版　　次：	2020年3月第1版
印　　次：	2020年3月第1版
书　　号：	ISBN 978-7-5090-1535-3
定　　价：	58.00元

如发现印装质量问题，请与承印厂联系调换。
版权所有，翻印必究；未经许可，不得转载！